99 Tage in Afghanistan

Wie der deutsche Einsatz 2003 im Nordosten Afghanistans begann

Aus meinem Tagebuch

Kurt Helmut Schiebold

AF209526

99 Tage in Afghanistan –
Wie der deutsche Einsatz 2003 im
Nordosten Afghanistans begann
Aus meinem Tagebuch

Kurt Helmut Schiebold

2022

Carola Hartmann Miles-Verlag Berlin

Bibliografische Information der Deutschen Nationalbibliothek
Die Deutsche Nationalbibliothek verzeichnet diese Publikation in der Deutschen Nationalbibliografie; detaillierte bibliografische Daten sind im Internet über www.dnb.de abrufbar.

© 2022 Carola Hartmann Miles-Verlag, Berlin
www.miles-verlag.jimdo.com
email: miles-verlag@t-online.de

Herstellung: Books on Demand, Norderstedt

Bildnachweis: Autor

Printed in Germany

ISBN 978-3-96776-045-3

Inhalt

Vorwort

Es ist bereits viel an Erinnerungen und Erlebnissen deutscher Soldaten über ihren Einsatz in Afghanistan geschrieben und veröffentlicht worden. Dazu gehören Bücher, Briefe oder auch Tagebücher, in denen aus der jeweiligen Perspektive der betroffenen Zeitzeugen das Erlebte geschildert wird. So scheint es auch hier zu sein, im Fall des ersten deutschen PRT-Kommandeurs in Kunduz (Nordafghanistan). Aber in diesem Tagebuch steckt deutlich mehr.

In diesen Tagen hingegen, in denen in der Breite der Bevölkerung der „gescheiterte" Afghanistan-Einsatz bereits in Vergessenheit geraten ist, wird viel berichtet über den vom Deutschen Bundestag eingesetzten Untersuchungsausschuss[1], der sich am Freitag, den 8. Juli 2022, konstituiert hat und die Umstände der Evakuierungsoperation aus Kabul vor einem Jahr untersuchen soll.

Am gleichen Tag wurde die Enquete-Kommission „*Lehren aus dem Afghanistan-Einsatz für das künftige vernetzte Engagement Deutschlands*" durch den Deutschen Bundestag eingesetzt, um „*den vernetzten Ansatz am Beispiel des Engagements in Afghanistan und dabei insbesondere die Einsätze der Bundeswehr sowie die damit verbundenen Herausforderungen zu untersuchen und Lehren aus dem zwanzigjährigen Engagement in Afghanistan aufzuarbeiten, auch um daraus Schlüsse für das laufende und künftige internationale militärische und zivile Engagement Deutschlands zu ziehen*"[2] Ziel ist es, mit wissenschaftlicher Begleitung „*das gesamte deutsche außen-, sicherheits- und entwicklungspolitische Engagement in Afghanistan zwischen 2001 und 2021 umfassend aufzuarbeiten*"[3]

Gerade mit dem hier vorliegenden Tagebuch des damaligen Oberst Kurt Helmut Schiebold[4] schließt sich ein Kreis zum Auftrag der Enquete-Kommission, da Oberst Schiebold der erste militärische Verantwortliche vor Ort gewesen ist, der vor dem Hintergrund des entsprechenden Bundestagsmandates vom 15. Oktober 2003[5] in Nord-

---

[1] https://www.bundestag.de/dokumente/textarchiv/2022/kw27-pa-einsetzung-ua-903092, abgerufen am 16.08.2022.

[2] https://www.bundestag.de/dokumente/textarchiv/2022/kw27-de-enquete-afghanistan-900510, abgerufen am 16.08.2022.

[3] Ebenda.

[4] Heute Brigadegeneral a.D.

[5] https://dserver.bundestag.de/btd/15/017/1501700.pdf, abgerufen am 16.08.2022.

afghanistan in der Region Kunduz (Provinzen Kunduz, Badakhshan, Baghlan und Takhar) den deutschen vernetzten Ansatz im Rahmen des PRT-Konzeptes gemeinsam mit einem Angehörigen des Auswärtigen Amtes, Herrn Stöckl-Stillfried, implementieren sollte. Denn die Bundesregierung hatte sich festgelegt und bereit erklärt, als Teil der erweiterten ISAF-Operation den bisherigen Standort des amerikanisch geführten „Provincial Reconstruction Team" (PRT) in Kunduz zu übernehmen, welches damals aufgrund US-konzeptioneller Grundlagen durch Spezialkräfte geführt wurde und daher der Operation „ENDURING FREEDOM" unterstand.

Insofern ist das hier vorliegende Tagebuch nicht nur ein Blick zurück auf das Geschehen in Nordafghanistan Ende 2003 / Anfang 2004 im Rahmen der beginnenden ISAF-Erweiterung auf Gesamtafghanistan, sondern vor dem Hintergrund des Auftrages der Enquete-Kommission geradezu hochaktuell.

Dieser Schritt, im Rahmen der ISAF-Erweiterung auf Gesamtafghanistan, bei gleichzeitiger Übernahme der Führung durch die NATO im Herbst 2003, kam nicht völlig überraschend. Denn es war bereits zu Beginn der ISAF-Mission offensichtlich, dass solche Missionen – mit geringen Truppenstärken, gemeinsam mit UNAMA (ab März 2002), mit längerfristigen Anlaufschwierigkeiten – nicht in der Lage sein würden, in einem Land, das doppelt so groß wie Deutschland ist, erfolgreich zu sein, wenn man sich – wie mit den ersten VN-Mandaten festgelegt – nur auf die Hauptstadt Kabul beschränken würde.[6]

Ob und inwieweit die deutsche Bereitschaft, in den Norden zu gehen, tatsächlich allein von der Lageentwicklung in Afghanistan abhing oder dabei auch Kompensationsgedanken gegenüber den USA wegen der Nichtteilnahme am Irakkrieg eine Rolle gespielt haben, darüber mögen nach Offenliegen aller Akten Historiker entscheiden.[7]

---

[6] Vgl. dazu u.a.: Christian Hartmann, Warum Afghanistan? Eine Einleitung, in: Markus Götz, >Hier ist Krieg!<, Afghanistan-Tagebuch 2010. Im Auftrag des Zentrums für Militärgeschichte und Sozialwissenschaften der Bundeswehr herausgegeben von Christian Hartmann, Vandenberg & Ruprecht Verlag, Göttingen 2021, S. 53.
[7] Ebenda, S. 54, „Ein >Pragmatiker des Augenblicks< wie Gerhard Schröder zog daraus jedenfalls seine ganz eigenen Schlüsse. Bei einem Besuch von Colin Powell am 16. Mai 2003 kündigte er >überraschend< an, >es gelte zu prüfen, inwieweit die

Tatsache ist, dass aufgrund der politischen Entscheidungsabläufe die Vorbereitung des ersten Kontingentes für Kunduz, trotz schon länger zuvor erfolgter Erkundungen eines möglichen / denkbaren Einsatzortes, in sehr kurzer Zeit im Rahmen nur einer Ausbildungswoche erfolgen musste. Aber dies gelang. Wie so oft: Die Truppe machte es möglich.

Die ersten 27 Soldaten und Soldatinnen trafen bereits einen Tag nach dem Bundestagsbeschluss mit Oberst Schiebold am 25.10.2003 in Kunduz ein.

In seinem Buch nimmt er uns mit auf eine Reise durch seine 99 Tage in Kunduz. Er zeigt auf, wieviel „Gedankenschmalz" und auch Initiative von einem Soldaten in seiner Position gefordert waren, um ein relativ vage formuliertes Bundestagsmandat in operative Handlungen vor Ort umzusetzen.

Hinzu kamen noch die Herausforderungen, die sich daraus ergaben, dass er zunächst von den Kommandostrukturen der Operation „ENDURING FREEDOM" abhängig war, bevor das deutsche PRT Kunduz dann endlich der ISAF unterstellt wurde.

Gleichzeitig wird deutlich, wieviel interkulturelle Sensibilität notwendig war, um sich in diesem völlig fremden Umfeld zurechtzufinden und wirksam im Sinne des Auftrages werden zu können. Dazu war auch eine Haltung gefordert, mit der nicht auf den Auftrag gewartet, sondern im besten Sinne selbst die Initiative ergriffen wurde. Dies wird sehr deutlich an dem aus eigenem Antrieb in einem iterativen Prozess mit dem Einsatzführungskommando entwickelten Operationsbefehl. Dies spielte sich in einem Dreieck ab, in dem das Einsatzführungskommando nur für die nationale Einsatzführung zuständig war, aber nicht die operative Führung vor Ort wahrnehmen konnte / durfte und die Unterstellung unter ISAF als operativem Taktgeber noch nicht erfolgt war. Gleichzeitig wollte und sollte man keine Vorgaben aus der Operation „ENDURING FREEDOM" bekommen. Allein dies ist nicht nur ein führungstechnisches Problem, sondern ein hochpolitisches und auch ein rechtliches / völkerrechtliches Thema, dem man eine eigene

---

Sicherheitsmaßnahmen der Internationalen Schutztruppe (ISAF) über Kabul hinaus ausgedehnt werden< könnten."

Abhandlung widmen könnte. Der PRT-Kommandeur steckte mitten-drin.

Wenn man sich neben vielem anderen vergegenwärtigt, dass diejenigen in diesem ersten Kontingent, die neben der Beteiligung beim Aufbau des Feldlagers an der Erkundung / Aufklärung und „Kontaktpflege" im Raum bis Mitte Januar 2004 ca. 6.000 km zurückgelegt hatten (in etwa die Distanz zwischen Kunduz und Deutschland) – und dies aufgrund von Verkehrsinfrastruktur, Witterungsverhältnissen und ungeklärter Minenlage mit einer Leistung von nur fünf Kilometern in zwölf Stunden – dann wird im Ansatz deutlich, was u.a. zu leisten war.

Es wäre gut, wenn dieses Tagebuch nicht nur von interessierten Soldatinnen und Soldaten gelesen würde, sondern auch von Fachjournalisten und insbesondere von Politikern und politischen Entscheidungsträgern.

Potsdam, im August 2022

Rainer L. Glatz
Generalleutnant a. D.
Ehemaliger Befehlshaber des Einsatzführungskommandos der Bundeswehr (2009–2013)

Prolog

Der Nachrichtensender ntv meldet am 25.11.2020 „Bundeswehr kehrt Kunduz den Rücken". ntv weiter: Kunduz ist für die Truppe ein „Schicksalsort"; denn nirgendwo in Afghanistan fielen mehr Deutsche – insgesamt 59 – als in Kunduz und der Nachbarprovinz Baghlan. Ich erinnere an den Selbstmordanschlag auf dem Markt in Kunduz am 19. Mai 2007, dem drei deutsche Soldaten zum Opfer fielen. Ich denke an die vier deutschen Soldaten, die im Rahmen einer gemeinsamen Operation von Truppen der ANA (Afghan National Army) mit OMLT (Operational Monitoring Liaison Teams) der NATO im April 2010 im Raum Baghlan gefallen sind. Ich denke an das sogenannte Karfreitagsgefecht am 2. April 2010, bei dem drei deutsche Soldaten ihr Leben ließen und acht verwundet wurden. Ich denke auch an den 28. Mai 2011, wo bei einem Attentat auf den damaligen deutschen Regionalkommandeur während seines Besuches in Taloqan einer seiner Personenschützer und sein Landeskundlicher Berater getötet und der General selbst schwer verletzt wurden. Hierbei wurde auch der Kommandeur des VI. Korps der AMF (Afghan Military Forces), General Muhammed Daud Khan, der verlängerte Arm des afghanischen Verteidigungsministers Fahim in den Nordostprovinzen, getötet; er war mein Ansprechpartner. Ich vergesse nicht die Soldaten, die durch Sprengfallen und Selbstmordattentate, durch Munitionsunfälle und durch Verkehrsunfälle ums Leben kamen. Ich vergesse aber auch nicht die afghanischen Toten, die der Luftangriff am 4. September 2009 auf zwei von den Taliban entführte afghanische Tanklaster forderte sowie auch alle anderen „Kollateralschäden" unter der afghanischen Bevölkerung.

War das auch zu Beginn schon so? Wann und wie hat denn der Einsatz der Bundeswehr im Norden Afghanistans begonnen? Nachfolgend ein Bericht vom Kommandeur der ersten deutschen Einsatzkräfte in Kunduz, der die Inhalte seines Tagebuches, seiner chronologisch geführten Kladde für Skizzen und Notizen zu täglichen Überlegungen und Ereignissen, wiedergibt.

Widmung

Mein Buch widme ich unseren Soldaten, die in Afghanistan ihr Leben gelassen haben. Wir dachten nicht an so eine Entwicklung. Allerdings wussten wir, dass unser „Kredit" bei den Afghanen nur für eine bestimmte Zeit halten würde. Ohne sichtbaren und von den Afghanen anerkannten Erfolg würden sie sich um die Sicherheit unserer Soldaten recht wenig kümmern. Wir hatten es anders angedacht, wiewohl Einiges, das richtig angedacht war, nicht richtig umgesetzt wurde.

Auslöser

Seit 2001 war die Bundeswehr in Kabul/Afghanistan an der NATO-geführten Internationalen Unterstützungstruppe (ISAF) für Afghanistan beteiligt. 2003 wurde die Ausdehnung von Sicherheit und Stabilität über Kabul und Umgebung hinaus als unerlässlich für das Fortschreiten der politischen Stabilisierung des Landes beurteilt.

Am 15. Oktober 2003 stellte die Bundesregierung den Antrag, dass der Bundestag beschließen solle, die Beteiligung bewaffneter deutscher Streitkräfte an dem Einsatz einer internationalen Sicherheitsunterstützungstruppe in Afghanistan auf Grundlage der Resolutionen 1386 (2001) vom 20. Dezember 2001, 1413 (2002) vom 23. Mai 2003, 1444 (2002) vom 27. November 2002 und 1510 (2003) vom 13. Oktober 2003 des Sicherheitsrates der Vereinten Nationen (VN) fortzusetzen und zu erweitern.

Diese Erweiterung des ISAF-Einsatzes habe gemäß Beschluss des Deutschen Bundestages (Drucksache 15/1700 vom 15.10.2003) zum Ziel, „die vorläufigen Staatsorgane Afghanistans und ihre Nachfolgeinstitutionen bei der Aufrechterhaltung der Sicherheit in Gebieten Afghanistans über Kabul und Umgebung hinaus so zu unterstützen, dass sowohl die afghanischen Staatsorgane als auch das Personal der Vereinten Nationen und anderes internationales Zivilpersonal, insbesondere solches, das dem Wiederaufbau und humanitären Aufgaben nachgeht, in einem sicheren Umfeld arbeiten können und Sicherheitsunterstützung bei der Wahrnehmung anderer Aufgaben in Unterstützung des Bonner Abkommens (Bonner Vereinbarung vom 05.12.2001) zu gewähren". Das entsprach einem neu gefassten ISAF-Auftrag, der den bisherigen auf Kabul fokussierten Operationsraum auf ganz Afghanistan im Norden beginnend erweiterte.

Im Rahmen des erweiterten Einsatzes werden Kräfte zur Sicherung des Arbeitsumfeldes des Personals, das zur weiteren Implementierung der Bonner Vereinbarung von den Mitgliedsstaaten der Vereinten Nationen in den hierfür bestimmten Gebieten eingesetzt wird, gestellt. Darüber hinaus gewähren ISAF-Kräfte – gegebenenfalls im zeitlich befristeten Einsatz zur Unterstützung spezifischer Ereignisse und Prozesse – insbesondere Unterstützung bei der Reform des Sicherheitssektors sowie der Überwachung der Entwaffnung, Demobilisierung und

Reintegration ehemaliger Kombattanten und tragen zur zivil-militärischen Zusammenarbeit bei. Sie wirken vor allem auch bei der Absicherung von Wahlen mit.

Der Bundestag solle dem Beschluss der Bundesregierung zustimmen, „im Rahmen der weiteren Implementierung der Bonner Vereinbarung deutsche Streitkräfte über Kabul und Umgebung hinaus in der Region Kunduz (Provinzen Kunduz, Badakhshan, Baghlan und Takhar) sowie zur mobilen Unterstützung von zeitlich und im Umfang begrenzten Maßnahmen im Zusammenhang mit der Absicherung von Wahlen in Afghanistan einzusetzen.

Zur Wahrnehmung der bisherigen und der erweiterten Aufgaben sollen insgesamt bis zu 2250 Soldaten eingesetzt werden, davon bis zu 450 Soldaten in der Region Kunduz. Die ISAF ROE (*rules of engagement*) würden weiterhin gültig sein.

Begründet wird das verstärkte zivile und militärische Engagement über Kabul und Umgebung hinaus mit dem Ziel, den „Teufelskreis aus mangelnder Sicherheit und fehlendem Aufbaufortschritt" zu durchbrechen und mit dem Zweck, einer „sich selbst tragende[n] Stabilität bei sichtbarer und fortschreitender Demokratisierung des Landes". Voraussetzung hierzu sei die Stärkung der Grundlagen für wirtschaftliche Entwicklung, für regionale Zusammenarbeit und für die Ausübung staatlicher Autorität. Das würde die Entsendung bewaffneter Einheiten der Bundeswehr nach Kunduz als Schutzkomponente notwendig machen; diese Präsenz solle sich auch stabilisierend in der Region auswirken.

Kunduz wurde nach „Abwägung der sicherheitspolitischen Lage, der Kooperationsbereitschaft lokaler Autoritäten, der Chancen für den Wiederaufbau und der Bedeutung der Region im afghanischen Gesamtgefüge" als der am besten geeignete Ort für das deutsche Engagement identifiziert. Hierzu soll das US-geführte PRT (*Provinzial Reconstruction Team*) in Kunduz übernommen werden. Dieses untersteht aber vorläufig nicht ISAF, sondern ist Teil der parallel laufenden *Operation Enduring Freedom* (OEF) und somit der US-geführten Spezialkräfteformation CJTF180 (*Combined Joint Taskforce*).

Die NATO würde die Erweiterung der ISAF-Aktivitäten in die Regionen hinein und das unter deutscher Leitung geplante Engagement in Kunduz deshalb als ein Pilotprojekt betrachten.

Die Vorbereitungen reichen bis in den September 2003 zurück; in meiner Kladde notiere ich stichpunktartig die Entwicklung. Das Heeresführungskommando war beauftragt, die für den militärischen Anteil eines zivil-militärischen Wiederaufbauteams erforderlichen Kräfte für Kunduz auszuplanen, aufzustellen und auszubilden, die vorerst als *Capacity Building Team* (CBT) bezeichnet wurden. Der Kern der Kräfte war von der DSO (Division Spezielle Operationen) in Regensburg zu stellen. Aufzustellen waren eine Infanterieeinheit Schutz sowie Führungs- und Schlüsselpersonal einschließlich des Kommandeurs des Deutschen Einsatzkontingents. Vom ursprünglichen Gedanken der Entsendung eines *Theatre Activation Teams* (TAT) nimmt man Abschied; es wäre ja auch nicht zu vermitteln, wenn bis zum Herstellen einer irgendwie gearteten Handlungsfähigkeit sich nur innerhalb der Feldlagergrenzen Aufbauaktivitäten entfalten würden. Es war klar, dass wir uns nicht in einem Feldlager „verstecken" können, darin vor uns hinwuselnd unsere Einsatzbereitschaft herstellen – wie auch immer definiert –, um dann nach einer gewissen Zeit mit „hurra" aufspringend uns den Afghanen zu zeigen. Die DSO bereitet deshalb eine Anfangsoperation vor wodurch mit Beginn des Eintreffens der ersten Kräfte am neuen Einsatzort eine hinreichende Handlungsfähigkeit auch nach außen ermöglicht wird. Also von Beginn an rausgehen, Absichten anzeigen und Erwartungen ausloten.

Absicht war es deshalb, erste Kräfte unverzüglich nach Bundestagsbeschluss zu verlegen, eine IOC (*Initial Operational Capabilty*) bis 31. Dezember 2003 und eine FOC (*Final Operational Capability*) bis 30. Juni 2004 herzustellen.

Tagebuch

Die Entscheidung fällt am 15. Oktober 2003. Kurz vor unserer (meiner Frau und meiner) Abfahrt nach Brüssel für einen Besuch bei unseren Söhnen erhalte ich die Nachricht, dass ich Kommandeur der ersten deutschen Einsatzkräfte werde, die nach Kunduz in den Norden Afghanistans verlegen; allerdings sind mir nur drei Monate gegönnt. Ich wollte das Kommando in Kunduz und habe es auch erhofft zu bekommen. Jetzt ist es so weit. Mein „Vorzimmerlöwe" Oberstabsfeldwebel Robert Venzl geht mit, das hatten wir so abgesprochen. Ich rasiere mich nicht mehr; dort werde ich in bärtige Gesichter schauen. Ich passe mich an und werfe meine weißen Haare mit in die Waagschale; Alter zählt in diesen Regionen noch viel.

Unser Wappen hatte ich fertig entworfen: ein waagrecht liegendes weißes K für Kunduz auf himmelblauen Grund; oben im Schild der Schriftzug ISAF. Das zukünftige Ärmelabzeichen in der Farbgebung markant und auffällig, zugleich einfach im Aufbau, mit hohem Wiedererkennungswert und auch unter provisorischen Bedingungen reproduzierbar. Äußerlichkeiten, die aber nicht unerheblich sind.

Viel wichtiger für mich: Was ist unser Auftrag? Wir haben einen Bundestagsbeschluss und den Befehl für die Zusammenstellung der Einsatzkräfte und deren Verlegung in das Einsatzgebiet, aber noch keinen Einsatzbefehl. Gefordert sind die Ausplanung und Vorbereitung des militärischen Anteils des deutschen Einsatzkontingents, der Vorauskräfte für eine Anfangsoperation. Wie in der Vergangenheit liegt unser Augenmerk auf der Verlegung der Soldaten, nicht aber auf den vor Ort wahrzunehmenden Auftrag. Die übergeordnete Dienststelle, in diesem Falle ISAF, wird es schon richten. Allerdings sind Fähigkeitsprofile für die einsatzvorbereitende Ausbildung zu entwickeln. So sind gefordert eine Schutzkomponente für bis zu zwei gleichzeitige regionale Missionen im Einsatzgebiet, für die Kontaktpflege zur Bevölkerung durch Präsenzpatrouillen, Kräfte für die Kampfmittelbeseitigung (EOD), für die Informationsgewinnung sowie für den Schutz durch *Human Intelligence* (HUMINT) und *Electronic Warfare* (EW), für die logistische und sanitätsdienstliche Eigenversorgung einschließlich *Medical Evacuation* (MEDEVAC), für die Kooperationsfähigkeit mit CJTF-180 zur Gewährung von *Close Air Support* (CAS) und die Verstärkung oder

16

Extraktion durch eine *Quick Reaction Force* (QRF) bei Lageverschärfung oder in Notlagen.

Gleich nach dem Bundestagsbeschluss soll es losgehen, das sei um den 25. Oktober vorgesehen, heißt es. Ich mache mir Gedanken über mein Motto. Wieso eigentlich? Wovon will ich mich leiten lassen? Ich komme auf die Sequenz 3M: ‚Mensch – Material – Mission'. Der Mensch steht im Mittelpunkt. Er soll gesund, gut ausgebildet und hoch motiviert sein. Das Material soll dem Auftrag entsprechend im guten Zustand verfügbar und nachgewiesen sein – wozu dieses? Denk an das Durcheinander beim Material in anderen Einsätzen. Die Mission – der Auftrag – braucht beides, Mensch und Material; er soll allerdings klar, sinnhaft und durchführbar sein. Im Kern sehe ich die „begreifbare Führung" mit zwei Verständnislinien für mich als Vorgesetzten: ich muss für die mir Anvertrauten stets greifbar, also ansprechbar sein und meine Aussagen und Befehle müssen begreifbar sein, also verstanden werden. Das lehrt die Erfahrung und das ist die Herausforderung.

Was sind denn die Ziele dieses Auftrages Kunduz? Es herrscht Unklarheit über die Verwendung des Begriffes *Provinzial Reconstruction Team* (PRT) für das deutsche Engagement. Dieser Begriff sei durch das Engagement der US-Amerikaner belastet. Deren Verständnis von *Civil Affairs* (CA), eine Aufgabe, die den Special Forces obliegt, würde mit unserem Verständnis von Wiederaufbau, insbesondere aber mit den eng begrenzten Aktivitäten der *Civil-Military Cooperation* (CIMIC), nicht übereinstimmen. So hat die Bundeswehr beim SFOR-Einsatz in Bosnien mit seinen „Wiederaufbau-Aktivitäten" in Konkurrenz zu zivilen Organisationen das Verständnis von CIMIC erheblich verwässert und den Begriff intern diskreditiert. Das sollte nun nicht mehr der Fall sein, aber trotzdem dem Kommandeur die Möglichkeit erhalten bleiben, durch geeignete Maßnahmen mit zivilem Charakter die eigene Operationsführung zu unterstützen, was dann später mit dem Begriff *Quick Impact Project* (QIP) ermöglicht wird.

Zudem werden in der Anfangsphase (März 2003) sogenannte *Provisional Reconstruction Teams* („PRT") angedacht, die zwar interdisziplinär, mit Schwerpunkt beim Militär, aber relativ klein mit 50–100 Mann disloziert werden. Wir wissen, dass es mit Datum heute PRTs in Gardez (US, Dez 02), Mazar-e-Sharif (UK, Jul 03), Kunduz (US, Mar 03), Bamyan (NZL, Sep 03) gibt; in Planung sind PRTs in Parwan (Nov 03),

Kandahar (Nov 03), Herat (Dez 03), Jalalabad (Dez 03); des Weiteren sind in Überlegung PRTs in Gazni, Logar, Wardak, Qalat und Assadabad.

Diese PRTs sind der *Combined Joint Civil Military Operations Task Force* (CJCMOTF) unterstellt und somit nicht ISAF; sie sind Teil der *Operation Enduring Freedom* (OEF), die parallel zu ISAF, allerdings in ganz Afghanistan läuft. Das deutsche PRT soll aber ISAF unterstellt werden. Deshalb dann der Versuch, über den Begriff *Capacity Building Team* (CBT) den neuen Charakter des deutschen Engagements besser zu treffen. Allerdings bedeutet das C in dieser Abkürzung auch *combat* und wird für die Kampfunterstützungstruppe, z.B. Kampfpioniere (CBT ENG), verwendet. Vielleicht eine etwas unglückliche Namensgebung, die auch fallen gelassen wird; es bleibt beim PRT.

Militärisch geht es um den Schutz des PRT und was noch? Eigentlich sehe ich noch nicht klar, umso mehr reizt mich diese Aufgabe.

Die Zeit bis zum Abflug ist angefüllt mit Überlegungen. Ich formuliere die Idee eines *endstate* des Kunduz-Auftrags: Sicheres Umfeld für Personal – afghanisch und von Nichtregierungsorganisationen – zum Wiederaufbau des Landes und zur humanitären Hilfe für die Bevölkerung. Als Auftrag für das deutsche Einsatzkontingent Kunduz formuliere ich: Unterstützen der vorläufigen Staatsorgane Afghanistans bei der Aufrechterhaltung der Sicherheit in der Region Kunduz, um so ein sicheres Umfeld für Personal der afghanischen Staatsorgane, der Vereinten Nationen (VN) und anderer internationaler Organisationen und deren Anstrengungen zum Wiederaufbau des Landes und der humanitären Hilfe für die Bevölkerung zu schaffen. Aber was heißt das militärisch, wie setze ich das in militärisch sinnvolle und durchführbare Aufträge für die Truppe um? Was genau ist die Region Kunduz? Ist es die Provinz Kunduz oder geht es über mehrere Provinzen? In welchem Raum operiert das PRT?

Jedenfalls reift mein Gedanke eines nach Kräften und Mitteln phasenweisen Aufbaus einer Schutzkomponente, wobei auftragsgemäß eine vorläufige Einsatzbereitschaft (IOC) bis 31.12.03, die volle Einsatzbereitschaft (FOC) bis 30.06.04 herzustellen ist.

Zur Durchführung skizziere ich meine eigene Absicht wie folgt: In einer ersten Phase sollen bei den zuständigen vorläufigen afghanischen

Staatsorganen in der Region Kunduz, ggf. bei noch anderen zu identifizierenden Multiplikatoren (Entscheidungsträger und Meinungsmacher; *decision-makers and opinion formers*), Verständnis für die Präsenz, den Auftrag und die Unterstützung durch die deutschen Einsatzkräfte (GECON KUNDUZ) erzielt werden.

In einer zweiten Phase sind die Bewegungslinien, Reichweiten und die Zeitdauer des Einsatzes der Schutzkomponente zu erkunden, weitere Absprachen zu treffen und so die Grundlagen für die Möglichkeiten der vollen Auftragsdurchführung zu erarbeiten und eine schrittweise Gewöhnung an die Präsenz des GECON in der Region herbeizuführen. In dieser Phase würden zudem die vorbereitenden Maßnahmen zur Aufnahme der Hauptkräfte beginnen. Sie wäre mit der Meldung IOC zum Ende Dezember 2003 abgeschlossen.

In einer dritten Phase würde die Aufnahme der Hauptkräfte erfolgen, die Einweisung und Ausbildung zur Wahrnehmung des Auftrages, um in der Folge das routinemäßige Herstellen einer Präsenz in der Region und die ständige Einsatzbereitschaft einer *quick reaction force* (QRF) mit der Befähigung zur *limited extraction* von Schutzbefohlenen, in jedem Fall eigenen Personals, und als *blocking force* bei einem Rückzug. Der Rückzug eigener Kräfte ist zu planen, vorzubereiten und zu üben, nach Kartenerkundung soll hierfür die Route nach Norden vorgesehen werden. Des Weiteren sind planerisch anzugehen der Schutz von Versorgungskonvois; der Betrieb und Schutz des „Flugplatzes" Kunduz und des Feldlagers; im Einzelnen der Ausbau des Interims Camp sowie die Planungen für den Neubau eines Basis Camps.

Dieser erste Einsatzabschnitt endet mit der Meldung FOC spätestens Mitte 2004. So meine ersten Gedanken. Wir sind zuständig für die vier Nordprovinzen; das ist in der Fläche größer als Bayern. Zur Präsenz in der Fläche dachte ich an die Aufstellung von *liaison monitoring teams* (LMT) im mobilen Patrouillen- und Streifeneinsatz mit nur temporären Beobachtungshalten. Es sollte eine unmittelbare Fernmeldeanbindung an die Operationszentrale (OPZ) erfolgen mit einer ständigen Positionsübermittlung, Beobachtungsmeldungen fortlaufend, in jedem Falle aber *in-flight-reports*. Noch bin ich nicht vor Ort.

24.10.2003

Die gestrige Aufnahmeorganisation in Mechernich habe ich als verbesserungswürdig notiert. Wenig Herz und viel Bürokratie. Die Kunduz-Truppe wurde behandelt gleich dem soundsovielten ISAF-Kontingent. Ärgerlich insbesondere das zusätzliche Gerödel, dazu Wasser und kartonierte Einsatzverpflegung (EPA); wohin mit dem Zeugs. Der heutige Morgen lief Gott sei Dank etwas geordneter ab. Um 0745 Uhr die Fahrt im Bus nach Köln-Wahn. Wir sind siebenundzwanzig Soldaten, dabei eine Stabsärztin.

In Köln-Wahn ab 0910 Uhr die Einweisung durch das Verteidigungsministerium und das Einsatzführungskommando (EFK): Ressortübergreifender Ansatz für das (noch so genannte) CBT durch gemeinsame Anstrengungen des Auswärtigen Amtes (AA), des Innenministeriums (BMI), des Ministeriums für wirtschaftliche Zusammenarbeit und Entwicklung (BMZ) und des BMVg. Ziel ist die Integration des PRT in die ISAF Kommandostruktur und eine enge zivil-militärische Zusammenarbeit; Aufwuchs bis Sommer 2004. Entwaffnete Afghanen in Arbeit bringen; deshalb Zusammenarbeit mit BMZ, das sei Kern der Sicherheit. Eine Interministerielle Steuergruppe trifft sich einmal die Woche, zu erreichen über BMVg. Ein Verbindungsoffizier des afghanischen Innenministeriums sei im US-PRT. Die ROE entsprechen den ISAF ROE. Einweisung zu den handelnden Personen und Netzwerken in der Nordregion. Brauchbare Information, allerdings immer noch Unschärfen im Auftrag. Zwei wesentliche Aussagen nehme ich auf: das Handbuch für Auslandseinsätze gilt für uns nicht und wir machen kein CIMIC im „Balkan-Stil". Das gibt genügend Freiraum und entbindet von einer Aufgabe (Wiederaufbau), für die andere Organisationen besser geeignet sind.

Eine kurze konzentrierte Vorbereitung auf einen komplexen Auftrag. Die vorbereitende Erkundung vor Ort war vom Einsatzführungskommando vorgenommen worden. Wir nehmen diese Information und ergänzen sie mit unserer bisherigen Einsatz- und Übungserfahrung. Insbesondere die Zusammenarbeit mit den ägyptischen Streitkräften im Rahmen der Übungsserie Bright Star war angetan, uns mit einer anderen Denkungsart vertraut zu machen. Wir sind es gewohnt, mit begrenzten Ressourcen und in einem unbekannten Terrain mit Soldaten anderer Nationen zu arbeiten. Wir haben genügend Selbstvertrauen, uns der anstehenden Aufgabe zu stellen, auch wenn wir keine „vorgebohrten Löcher" vorfinden werden. Die größte Herausforderung bleibt die Art und Weise der Kommunikation mit den Menschen im Einsatzland.

Um 1230 Uhr einchecken. Wir warten in der VIP-Lounge des militärischen Anteils Flughafen Köln/Bonn auf den Beschluss des Bundestages. Der Inspekteur des Heeres schaut vorbei und verabschiedet uns. Ich führe ein Telefoninterview mit der Abendzeitung München, ein Interview mit Radio Andernach, danach das Gespräch mit meinen Personenschützern, die mir sagen, wie ich mich zu verhalten habe. Gegen 1400 Fahrt zum Flugfeld, dort Pressestatement und um 1430 Uhr Abflug mit einer A310 nach Termez/Uzbekistan.

Im Flugzeug überfällt mich wieder der Gedanke: Was tun wir eigentlich in Kunduz? Ich entwerfe für mich eine Argumentationskette:

- *a secure environment is matter of AFG authorities and their security forces;*
- *AFG authority and their security forces are in the process of transformation (Security Sector Reform - SSR) which is assisted by ISAF and other organisations with the current focus at the Kabul area.*
- *In further pursuance of the Petersberg Agreement, GECON KONDUZ is an initiative to support this process of transformation and reconstruction outside the Kabul area.*
- *GECON KONDUZ/CBT/PRT is from the outset a civilian-military coordinated effort to help establish and maintain a secure environment for reconstruction and humanitarian aid efforts by supporting the transformation of AFG (regional) security forces.*

Ich stelle mir die Frage, was denn die Rolle der bereits eingerichteten PRT ist. Warum sollte es jetzt mehr geben? Ich wälze diese Frage hin und her, formuliere und impliziere und weiß dennoch nicht, ob ich die Aufgabe richtig erfasst habe. Auch der intensive Gedankenaustausch mit meinem Chef des Stabes, Oberstleutnant i.G. Jansohn, kann diese Zweifel nicht ausräumen.

26.10.2003

Nach einer von laufenden Generatoren begleiteten Nachtruhe dann um ca. 10.00 Uhr Weiterflug mit einer C-160 (Transall) von Termez nach Kunduz. Die Luftwaffenbasis in Termez, allen voran der Kommandeur, Herr Oberst Kraus, haben sich sehr bemüht, uns das Leben angenehm zu machen. Ich sehe auch unsere Nabelschnur mehr an Termez und weniger an Kabul; wegen des Hindukusch, der wie ein Lineal quer zur Bewegungsrichtung Nord-Süd über Land liegt.

Ich bin nicht sicher, was uns in Kunduz erwarten wird. Presse wird wohl vor Ort sein. Angst haben wir keine, aber Sorge, dass uns Ungeschicklichkeiten unter der aufmerksamen Beobachtung der Presse unterlaufen. In jedem Fall wollen wir den „Somalia-Effekt" vermeiden und der Presse, wenn sie vor Ort sein sollte, mit Eintreffen ein ordentliches Bild abgeben. So sprechen wir das Verlassen des Flugzeuges vorweg ab. Ich will zudem Zeit gewinnen, bevor mir ein Mikrofon vor die Nase gehalten wird. Deshalb vor Verlassen des Flugzeuges einen einheitlichen Anzug herstellen, nur ein kleines Gepäckstück auf dem Rücken mitnehmen, Helm und Waffe am Mann, Ausgabe der vollen Magazine an der Rampe durch den Truppenversorgungsbearbeiter (TVB) Mauritz; nach Verlassen des Flugzeugs nach links wenden und Gepäck rechts vom Flugzeug ablegen, danach Flugzeug entladen. Ausstieg in der Reihenfolge: Kommandeur mit *Close Protection Team* (CPT) und Pressestabsoffizier; hat prächtig funktioniert!

Wir werden nach Öffnen der Heckklappe von einem Schwarm von Journalisten angegangen. Natürlich werde ich gleich an der Rampe von diesen bedrängt, verweise jedoch auf das Ablegen meines Gepäcks und lasse die Meute erst einmal rechts stehen. Das gibt mir Gelegenheit, von hinten her auf die Kulisse zu schauen und die wesentlichen Personen zu identifizieren.

Erfreulich der Anblick des Leiters des US-PRT, Oberstleutnant (LtCol) Tawes, dazu ein afghanischer General, es war der Kommandeur des VI. Afghan Militia Forces (AMF) Korps, General Mohammed Daud Khan, sowie ein Herr, der sich als Vertreter der deutschen Gemeinschaft in Kunduz vorstellt. Es ist Herr Recker von der Welthungerhilfe, die im Vorfeld der Bundestagsentscheidung vehement gegen einen Einsatz der Bundeswehr in Kunduz wetterte. Er überreicht uns als

22

Willkommensgruß sogenannte Kunduz-Tücher, die als Schal gegen Hitze und Staub von den Afghanen – und ab da auch von uns – getragen werden. Ich begrüße zuerst diese Gruppe; erst danach gebe ich die erwarteten Statements an die Presse. Ich glaube, dass dieser Anteil ganz zufriedenstellend verlief.

Das US-PRT hat einen großen Lastwagen (*jingle truck*) organisiert, der das Gepäck der abreisenden 30 koreanischen PRT-Angehörigen bringt und danach für den Transport unseres Gepäcks zur Verfügung steht.

Die gesamte Atmosphäre am Flugplatz war sehr entspannt und gab uns große Zuversicht. Die Fahrt ins Camp ging durch eine höchst staubige, landwirtschaftlich geprägte Gegend. Die Stadt selbst ist ein ärmliches, infrastrukturell im agrarisch-mittelalterlichem Zustand befindliches Etwas. Seltsam berührend, weil weitgehend weg von der uns gewohnten Zivilisation. Hier können viele gute Taten die Lebensbedingungen verbessern, sollten sie aber grundsätzlich nicht ändern.

Einweisung ins Camp durch US-PRT. Mich erstaunt das Garten-ähnliche Erscheinungsbild. Beim weiteren Ausbau durch uns sollte dieser Charakter erhalten, wenn nicht sogar verstärkt werden. Es wäre schade darum. Unterkunft in hölzernen Feldhäusern und in den wenigen Lehmhäusern afghanischer Art. Brauchbar, habe ich mir schlimmer vorgestellt. Problem: die geringe Anzahl von Sanitäreinrichtungen, konzentriert an einem Punkt in dem erstaunlich weitläufigen Camp. Hier müssen wir sofort etwas tun, bevor wir weiteres Personal aufnehmen.

Die Absicherung des Lagers geschieht in einem äußeren Ring durch angemietete, bewaffnete afghanische Wachen, die auch die Zugangskontrolle zum Camp vornehmen. Die innere Sicherung erfolgt durch eigene Kräfte. Die afghanischen Wachen werden auch in andere Aufgaben mit eingebunden, z.B. *presence patrols* (Einkaufen), Transportbegleitung und Sicherung des Flughafens. Beantrage beim Einsatzführungskommando, diese Regelung beizubehalten; stütze mich auch auf Empfehlung des Einsatzführungskommandos aus dem Erkundungsergebnis.

Das Camp hat zwei Bereiche: Einen Vorhof, in dem Gäste wahrgenommen werden, das Camp selbst, zu dem nur PRT- und VN-Angehörige Zutritt haben und einem abgeschirmten Bereich für die kollozierten US-Spezialkräfte. Zudem ist ein Hubschrauberlandeplatz ausgewiesen, der jedoch für einen Großraumhubschrauber vom Typ CH-53 zu klein ist. Diesen Raum denke ich für die notwendige Erweiterung des Lagers an.

Unseren Gefechtsstand richten wir im ersten Stock des größten festen Gebäudes ein, welches im Erdgeschoß bereits von den US-Amerikanern als deren Einsatzzentrale genutzt wird. Wir rücken zusammen ob des engen Raumangebots für das Einrichten der Operationszentrale (OPZ).

Oberstabsfeldwebel Venzl, meine Personenschützer und ich belegen ein kleineres, ebenerdiges Lehmgebäude als Unterkunft; mit Oberstabsfeldwebel Venzl teile ich mir ein Zimmer – und wir kommen über den gesamten Einsatzzeitraum hinweg gut miteinander aus. Die Soldaten beziehen Unterkunft in einer der freien Holzhütten und in Zelten. Die Stabsärztin kommt, bis auf weiteres, in einem kleinen Raum im OPZ-Gebäude unter.

Für die einigermaßen geordnete Unterbringung unserer Bekleidung und Ausrüstung wie auch für die Ausstattung der OPZ geben wir Regale und Tische bei afghanischen Schreinern in Auftrag und können so gleich einen „geldwerten Vorteil" unserer Anwesenheit bei den Afghanen hervorheben. Gottseidank haben wir einen flexiblen Verwaltungsbeamten mit ausreichend Handgeld dabei.

Noch am Ankunftstag ist für 16.00 Uhr sehr kurzfristig ein Treffen mit General Daud, dem Kommandeur des VI. Korps AMF (*Afghan Militia Force)*, angesetzt. Seine Hände sind klein und feingliederig. Er wirkt nachdenklich. Er unterstreicht die gute Arbeit des US-PRT und erwartet ebenso gute Leistungen von uns. Er sagt seine volle Unterstützung zu. Ich verweise auf das gegenseitige Interesse, aus Kunduz ein Erfolgsmodell mit Signalwirkung für den Rest des Landes zu machen. Die Frage, was wir denn konkret machen würden, beantworte ich mit den Aussagen aus der Resolution 1510, was aber Raum für weitere Fragen ließ, insbesondere zu unserem Beitrag für die zivil-militärische Zusammenarbeit. Hier haben wir drei Probleme. Erstens, die Vertreter, die Projekte zum Wiederaufbau entwickeln und deren Schutz wir sicherstellen sollen, sind nicht oder noch nicht vor Ort. Zweitens, wir sind nun vor Ort und werden an den US-Amerikanern gemessen, ohne aber deren Auftragsprofil zu haben. Trotzdem schüren wir, auch wegen der Aussicht auf eine größere personelle Stärke, eine noch höhere Erwartungshaltung. Dieser müssen wir recht bald entgegenkommen, es muss ein „*spin-off*" unserer Präsenz sichtbar werden. Dazu gehört, neben der Inanspruchnahme von lokalen Unterstützungsleistungen (HNS - *Host Nation Support*), das Initiieren von Projekten. Schließlich und drittens, unsere Übersetzer haben Probleme mit der Komplexität unserer Ausdrucksweise und der angesprochenen Sachverhalte; wir müssen einfacher und bildhafter sprechen.

Ich muss lernen, mich einfacher in den relevanten Sachverhalten auszudrücken. Die Einsatzsprache ist Englisch, diese muss von den Übersetzern in Dari oder Pashtu umgesetzt werden; da ist viel Raum für Missverständnisse und Fehlinterpretationen. Wir arbeiten mit Übersetzern, die auch schon für die US-Amerikaner gearbeitet haben. Trotzdem sind erforderliche sicherheitspolitische und militärische Begrifflichkeiten und Wendungen weder bei den Übersetzern noch bei den Gesprächspartnern präsent. Letztlich kann der Übersetzer sehr leicht vom Gesprächspartner manipuliert werden: Wie kontrolliere ich meinen Übersetzer nach Substanz und Ehrlichkeit des Gesprächsinhalts?

Den Zielgruppenanalytiker Major d.R. Tappe mache ich zum „Landeskundlichen Berater" (LKB). Ein solcher ist in der Stellenbesetzungsliste zwar nicht vorgesehen, erscheint mir aber zwingend notwendig. Tappe fehlen die Sprachkenntnisse, aber er hat das Wissen und die Geschicklichkeit, sich in diesem schwierigen kulturellen Umfeld zu bewegen und mir mit Rat und Tat zur Seite zu stehen. Er bereitete fortan meine Besuche vor und gab mir Tipps für die Gesprächsführung.

27.10.2003

Es ist Montag. Der gestrige Tag brachte vier Transall C-160 mit unserer Anfangsausrüstung und einigen Fahrzeugen. Die Männer, alles Dienstgrade, scheuten sich nicht, bei der Entladung mit Hand ihr Bestes zu geben. Es ist ein gutes Team, das sich da gefunden hat.

Ich hatte ein erstes Gespräch mit dem afghanischen Vertreter von der Nichtregierungsorganisation (NGO) Katachel e.V. (Datgul) sowie dem Vertreter der *UN Food and Agriculture Organization* (UNFOA). Sie sind neugierig und wollen wissen, was wir hier tun. Das ist einerseits gar nicht so einfach zu erläutern, viel zu komplex, lässt sich nicht übersetzen und wird deshalb nicht verstanden. Zu zivil-militärischer Zusammenarbeit gibt es hier auch keine Vorstellung. Militär hat Macht und kann Gewalt ausüben und sorgt deshalb für Sicherheit. Zivil arbeitet oder macht Geschäfte, betrügt, belügt, ist damit nicht zuverlässig, nicht loyal. Eine Zusammenarbeit zwischen Zivil und Militär gibt es nicht. Ich muss deshalb in der Darstellung meiner Aufgabe einfacher, prägnanter, verständlicher und nachvollziehbar sein. Etwa: Ich koordiniere und überwache die Wiederaufbaumaßnahmen in der Region Kunduz. Ich biete mich an als Ihr Ansprechpartner. Nein, so nicht, das muss noch mal durchdacht werden, ziehe ich mir doch einen etwas zu großen Schuh an. Andererseits ist noch kein Vertreter des AA, BMI oder BMZ bei mir vorstellig geworden. Ich kenne deren Projekte nicht.

Die Sonne scheint, ich sitze vor dem Haus und eine Transall steigt vom *airport* über meinen Kopf nach Süden – nach Kabul, um einen weiteren Krankenkraftwagen aufzunehmen.

UNAMA schreibt in seinem heute erschienenen *Civil-Military Update*: *"The first move out of Kabul will be the German PRT to Konduz, potentially by mid Nov 03. The Germans may deploy 250 soldiers, 50 of whom will run the military hospital. Details of their planned operations are not finalised but there will be a police training element, civilian representatives, and a strong support element. It is hoped that they will be able to patrol deep into the remote areas of the NE, but resources and security regulations may initially prevent that. This PRT will be the first under ISAF Command, although in reality run by a joint HQ in Bagram under the CJCMOTF. There is speculation that other non-US PRTs will slowly transfer to ISAF Command, although logistics, close air support and coordination mechanisms with CJTF180 need to be resolved"*.

Das US-PRT möchte mit dem Aufbau unserer Fähigkeiten zum Betrieb des Camps und des Flugplatzes gleichwertige Fähigkeiten abbauen. Wollen wir und müssen wir auch.

28.10.2003

Ich arbeite immer noch an meinem Statement: *On behalf of my government, our task is to monitor the re-construction process in the region. I cooperate with all who are involved. AFG authorities, military and police, are responsible that re-construction activities take place in a secure environment. If there are problems...* Nicht zufriedenstellend.

Heute Gespräch mit dem Gouverneur der Provinz Kunduz, Ibrahimi Latif. Wirkt etwas abwesend, auf dem ersten Blick wie wenig interessiert. Allerdings versucht er sich als Koordinator aller Wiederaufbaumaßnahmen in der Provinz zu positionieren: Verbindung ist hergestellt; ich lasse prüfen, wie er uns von Nutzen ist, sein kann oder sein soll, welchen Einfluss er bei wem hat und wie er in der Provinz anerkannt ist.

Ich hatte zudem ein Gespräch mit dem Eigentümer des Camps - er würde in Dubai wohnen - und seinem Verwalter in Kunduz. Dieser betreibt einen Autoverleih in Kunduz, dessen Kunde auch wir sind. Unser Plan für den Ausbau der Infrastruktur des bestehenden Feldlagers steht und geht dem Einsatzführungskommando demnächst zu.

Vom groben zeitlichen Ablauf her nehmen wir Anfang November das Personal für die Verstärkung der Führungsstelle einschließlich der Durchhaltefähigkeit im Bereich Fernmelde, EOD und Betrieb Flugplatz auf, ebenso weiteres Sicherungspersonal. Mit Zulauf der Pioniere ist dann erst mal Schluss mit der Aufnahme weiterer Personals. Wir haben sonst ein Problem im Bereich Unterbringung und Hygiene. Die Infrastrukturleute sagen zu, dass in den letzten beiden Novemberwochen weitere Unterkunftscontainer geliefert und aufgestellt werden können. Der Zulauf der restlichen Kräfte zum Erreichen IOC soll Anfang Dezember, möglichst in einem Zug, erfolgen. Das befähigt uns, nach Ausbildung und Einweisung das erste LMT wie vorgesehen einzusetzen. Voraussetzung ist, dass Personal und Material wie angefordert zulaufen.

Wir werden demnächst, die Billigung durch das Einsatzführungskommando vorausgesetzt, die vorgeschlagenen *Quick Impact Projects* (QIP) auslösen; es handelt sich dabei um kleinere Infrastrukturmaßnahmen zur Verbesserung der Lebensbedingungen der Bevölkerung an für unsere Operation kritischen Stellen. Das gibt uns einen sichtbaren Nachweis unserer Anwesenheit.

Ich fasse zusammen: die Führungsstelle ist eingerichtet, Schlüsselpersonal und Personal zur Erhöhung der Durchhaltefähigkeit muss wie angefordert nächste Woche zulaufen. Der Erweiterungsplan ist fertig und geht ggf. noch heute, spätestens morgen dem Einsatzführungskommando zu. Die Verbindungsaufnahme und die Informationsgewinnung schreiten voran. Konzept für QIP ist in Arbeit. Alle diese Fäden werden wir demnächst zu einem Gesamtkonzept für die gedachte Operationsführung bis Erreichen IOC zusammenführen.

Der deutsche Verbindungsoffizier USCENTCOM signalisiert, dass Tampa mit der derzeitigen Unterstellungsregelung nicht zufrieden sei; wir auch nicht.

OTL Jansohn macht mir Kummer. Schon mit Abflug hatte er einen auffällig wackeligen Gang, als wenn die Füße nicht so richtig mitmachen wollten. Hat mich sehr an meinen Sohn erinnert. Jansohn war deswegen beim Arzt, der äußerte gestern dann die Vermutung: Zeckenbiss (Borreliose heißt das, glaube ich). Da läuten dann die Alarmglocken. In Übereinkunft mit den Ärzten verlegt Jansohn morgen (hierzu habe ich Oberst Kraus in Termez angerufen) nach Kabul. Er braucht eine eingehende Untersuchung; er muss wissen, was es ist und muss schnellstens behandelt werden. Wir hängen das, bis Vorliegen eines Ergebnisses, nicht an die große Glocke. Während der Abwesenheit Jansohns muss Oberstleutnant Bullwinkel, *Provost Marshall* (PM), die Geschäfte des Chefs des Stabes wahrnehmen, das kann er auch.

Personell sind wir noch etwas knapp aufgestellt, trotzdem läuft es ganz gut. Die Männer und Frau Stabsarzt sind hervorragend ausgebildet und hoch motiviert; sie greifen, wo gefordert, zu, auch wenn die Verrichtung nicht der Dienstpostenbeschreibung entspricht. Den Stab müssen wir auch künftig schmal halten, weitgehend frei von Bürokratie. Der Fernmeldefeldwebel zeigt vom ersten Tag an eine begeisternde Leistung: Das Einrichten und Betreiben der vier SatCom 1 Kanal-Verbindungen, der Video-Telekonferenzanlage (VTC), eines kleinen Stabsnetzes und der gesamte Betrieb ruhen auf seinen Schultern; er schläft in der OPZ hinter einem Raumteiler.

28

Wir mieten Fahrzeuge (Toyota Surfs und Prados) bei zivilen Anbietern an – wir gehen davon aus, dass die Fahrzeuge hinreichend sicher betrieben werden können. Wir beschäftigen mehrere Ortskräfte zum Tragen von Lasten. Das ist gut so, unsere Anwesenheit zeigt Wirkung.

Die Soldaten können einmal die Woche für drei Minuten über SatCom mit ihren Lieben zu Hause sprechen; mehr an privater Verbindung in die Heimat ist noch nicht drin.

29.10.2003

Frühmorgens umgibt ein Höllenlärm das Camp. Die Hähne krähen, Hunde bellen, Kühe muhen und der Muezzin verbreitet leicht schwebende Tonfolgen. Die Sonne ist schon am Horizont aufgegangen; die Temperatur ist angenehm, der Himmel wolkenlos, es ist schön.

Gespräch mit Jansohn. Fliegt kurz nach Kabul zur Untersuchung. Hoffe, es ist in überschaubarer Zeit behandelbar. Wäre gut, ihn für den Auftrag zurückzuhaben; wir hatten uns sehr auf die Zusammenarbeit gefreut. Muss jetzt sehen, dass mit Abwesenheit Jansohns der Schwung nicht verloren geht.

Bereite die Besuche durch SACEUR, General Jones, und COMISAF General Gliemeroth, sowie etwas später des Befehlshabers Einsatzführungskommando, General Riechmann, vor. Hierzu entwickle ich das Layout für die Standard-Powerpoint Präsentation des PRT. Unser Wappen wird noch nicht den Schriftzug ISAF im Kopf tragen, weil wir bis auf weiteres noch nicht unterstellt sind. Deshalb einigen wir uns im Stab, den Schriftzug Kunduz in Dari in das Wappen aufzunehmen. Venzl lässt durch eine Schneiderei in Kunduz das Ärmelabzeichen von Hand nähen; andere Möglichkeiten gibt es zurzeit nicht.

30.10.2003

Gestern Abend die traurige Nachricht durch Jansohn, dass er mit mir und meiner Familie etwas teilen würde – der Arzt äußerte den Verdacht auf Multiple Sklerose, zu einer geringeren Wahrscheinlichkeit Zeckenbiss. Das hat mich getroffen und nimmt mich mit. Die Männer sind ebenso betroffen, obwohl sie nur wissen, dass Jansohn wegen Krankheit, wohl Zeckenbiss, repatriiert werden muss. Setze den

Divisionskommandeur und den Befehlshaber Einsatzführungskommando in Kenntnis. Ich brauche Ersatz, mit dem ich kann und der was kann, das ist gar nicht so einfach. Bis dahin macht Bullwinkel den Chef des Stabes.

Ich will, dass Jansohn die Einsatzmedaille erhält; wir werden in unser Ärmelabzeichen für die ersten Siebenundzwanzig ein ‚J' einfügen. Der Auftrag und dessen Umsetzung in passende militärische Aktivitäten fordert weiter unsere Aufmerksamkeit.

Erläutere dem Leiter US-PRT, Fred Tawes, unseren Plan für den Ausbau des Camps Kunduz zum deutschen PRT-Feldlager; er sagt seine volle Unterstützung zu. Er bittet, mit den in der Liegenschaft vorhandenen vorwiegend Mandelbäumen sorgsam umzugehen. In diesem Zusammenhang bietet er an, den im hinteren Teil des Camps befindlichen Pferdestall abzureißen, um so für den Aufbau des Rettungszentrums (RZ) weniger Bäume opfern zu müssen. Zudem regt er an, über einen zweiten Zugang/-ausgang zum Camp nachzudenken. Er teilt meine Auffassung, dass vor Zuführung weiteren Personals in erster Priorität die Sanitäreinrichtungen dem Aufwuchs angepasst werden müssen. Probleme zeichnen sich ab bei der Bereitstellung von Verpflegung durch die US-Streitkräfte sowie in der begrenzten Kapazität der derzeit vorhandenen Küche. Noch haben wir keine Feldküche personell und materiell vor Ort; wir sind auf die Unterstützung mit Warmverpflegung durch die US-Amerikaner angewiesen; alternativ greifen wir, insbesondere während Fahrten auf unsere Einsatzverpflegung (EPA) zurück.

01.11.2003

Gestern vormittags war der Besuch SACEUR und des COMISAF. Ich stellte unser PRT-Konzept mit Unterstützung von *hand-outs* vor. In Vorbereitung der Unterlagen kommt mir der Gedanke, das querliegende „K" in unserem Wappen, das vom Pressestabsoffizier Jeserich als ein taktisches Zeichen ähnlich dem für das Gebirgstragtier bezeichnet wurde, auch als etwas mit zwei Füßen zu betrachten. So entstand der Gedanke, das PRT-Projekt mit zwei Füßen zu versehen, einem militärischen und einem zivilen. Der militärische macht, was er am besten kann, mit Sicherheit umgehen. Der zivile macht Wiederaufbau, der am besten in einem sicheren Umfeld gedeiht und Früchte trägt. Die

Synchronisation beider Beine macht den Fortschritt und die Balance des Projekts und symbolisiert die Arbeit des PRT. Das ist nun auch die Erläuterung für unser Schild. Oben steht zudem Kunduz in Dari, weil das Projekt von hier ausgeht. Die Farben weiß und blau sind die Attribute eines friedlichen Himmels/Firmaments, blau ist auch das Wappen der Division Spezielle Operationen (DSO). Das gefällt mir sehr gut und ich nehme das als griffige Formel, um unser Projekt zu verkaufen.

Jansohn hat sich wieder gemeldet. Er klingt gefasst. Arbeitet und denkt auch von Kabul aus noch weiter mit. Seinen Rückflug in die Heimat hat er so gelegt, dass ich ihn noch treffen kann, wenn ich nach dem Besuch durch den Befehlshaber Einsatzführungskommando diesen am Samstag nach Kabul begleite. Heute kann ich sagen, dass sich alles zerschlagen hat, weil aufgrund der Wetterbedingungen und anderer Änderungen am Samstag nur nach Kunduz geflogen wurde. Deshalb hat sich Jansohn schon gestern Abend aus dem Funkkreis abgemeldet. Er fliegt heute nach Termez und am Sonntag in die Heimat. Ich werde Kommandeur DSO noch anrufen und Jansohns Ankunft mitteilen.

Wenn ich so auf die erste Woche zurückblicke, dann ist eine Menge geschehen. Positives und ebenso wenig Erfreuliches. Wir sind doch ein recht eingeschworener Haufen. So kameradschaftlich und harmonisch auch im Umgang miteinander, werden wir es bald nicht mehr haben. Deshalb ist es umso wichtiger, die Aufnahme des Verstärkungspersonals vorzubereiten und nichts dem Zufall zu überlassen.

Was mir zudem Gedanken macht, ist der Zulauf des Großgerätes, WIESEL und DINGO. Das sind mehr und größere Fahrzeuge, als das US-PRT auf die Beine stellte. Die Zielgruppe derer, die Männer unter Waffen haben, wird die Botschaft verstehen. Die Bevölkerung mag darin eine Eskalation sehen. Hier müssen wir vorbereitende Maßnahmen treffen. Gespräche mit Militär und Polizei, Informationsoperationen in Richtung Bevölkerung. Mit dem WIESEL habe ich nicht so große Probleme, obwohl es ein Panzer ist: Kette, Turm, allerdings die Männer können oben rausschauen und haben Kontakt zur Bevölkerung. Der DINGO ist hoch, groß und unnahbar, sieht aus wie ein Reptil. Der MG-Schütze sitzt sehr hoch, alles wirkt sehr arrogant. Ich habe Zweifel, ob die Fahrersicht für Bewegungen in der Stadt und in den Dörfern ausreichend ist. Ebenso muss ich unsere Wege nach Tragfähigkeit und Breite erkunden lassen. Besser wäre es, den MUNGO aus Kabul zu bekommen. Auch will ich weg von den angemieteten Fahrzeugen hin zu grünen Militärfahrzeugen, damit wir auf den ersten Blick erkannt werden können; dann brauchen wir aber auch organische Logistik; auf die können wir uns verlassen.

Es ist ja schon eigenartig hier am Ortsrand von Kunduz, insbesondere in der Nacht. Ich gewinne den Eindruck, dass der Muezzin, wann immer er aufwacht, erst einmal singt. Ein zweiter fällt dann ein, beide versuchen Harmonie zu finden, erreichen einen gemeinsamen Ton, driften dann wieder auseinander. Wenn wieder Müdigkeit einkehrt ist, schweigt das eine Minarett und ein anderes erwacht zum Leben. Begleitet wird der Gesang vom Krähen der Hähne, dem Muhen der Kühe, dem Bellen der Hunde, aber auch von der Schweigsamkeit der Sterne. Ich weiß nicht, ob sich alle untereinander verstehen, ich verstehe nichts. Ich glaube mich in einer Zauberwelt wieder zu finden von der ich nicht weiß, ob sie mir freundlich oder feindlich gesinnt ist. Zumindest sehe ich mich neugierigen Blicken ausgesetzt. Unter Tags ist das allgemeine Grundgeräusch weg. Es hebt sich Kinderschreien hervor, wohltuend und sicher noch friedlich.

Viertel vor 12 Uhr wird mir durch das Abholkommando Flugplatz Kunduz gemeldet, dass die zur Sicherung des Flugfeldes eingesetzten US-Kräfte Personen, die wohl General Daud zuzurechnen seien, mit zwei Panzerfäusten (RPG) beobachtet sowie ein Geschütz gesichtet hätten. Meine Rückfrage beim Leiter US-PRT erbringt erst bei dessen Nachfrage bei den US-Spezialkräften eine Bestätigung der Meldung. Zusammen mit dem Leiter US-PRT begebe ich mich zum Flugplatz, zeitgleich setzte ich meinen Landeskundlichen Berater (LKB), Major Tappe, zum Hauptquartier General Dauds in Marsch, um dort auf den Sachverhalt aufmerksam zu machen.

Am Flugplatz wird die Meldung durch die zur Sicherung eingesetzten Kräfte wiederholt und mit der angeblich vor drei Tagen getätigten Aussage eines Untergebenen des General Daud unterlegt, wonach Anschläge geplant seien. Die US Kräfte waren dabei zu überlegen, wie sie nun zur Bereinigung der Lage vorgehen könnten. Zeitgleich werde ich durch den LKB in Kenntnis gesetzt, dass General Daud einen Vertreter zur Klärung und Bereinigung des Sachverhaltes zum Flugplatz senden würde und die PRT-Kräfte zwischenzeitlich stillhalten sollten. So wurde auch verfahren.

Nach Eintreffen eines Vertreters General Dauds begibt sich dieser zu dem Gebäude, in welches die beiden RPG getragen wurden. Eine Begleitung lehnt er ab und Zugang zu dem Gebäude würde er uns erst nach Rücksprache mit General Daud geben. Nach Rückkehr vom Gebäude bestätigt er, dass darin Waffen, u.a. auch RPG, gelagert seien. Er weist zudem darauf hin, dass sich auch noch in anderen Gebäuden Waffen und Munition befinden würden. Unsere Versuche, mit General Daud telefonisch Verbindung aufzunehmen, waren nicht erfolgreich. Der Leiter US-PRT und ich beschließen, General Daud nun persönlich aufzusuchen und den Sachverhalt zu klären. Unser Kommen wird durch den LKB, der vor Ort ist, angekündigt. Den Sicherungskräften am Flugplatz werden jegliche eigenständigen Operationen untersagt.

Nach Eintreffen wurde ich durch LKB eingewiesen, dass zeitgleich eine SPIEGEL-Journalistin mit General Daud ein Interview führe, die Stimmung entspannt sei und er deshalb ein gesichtswahrendes Vorgehen empfehlen würde. Nach Absprache mit dem Leiter US-PRT übernehme ich die Gesprächsführung. Nach dem Austausch von Höflichkeiten bedanke ich mich für seine Geduld hinsichtlich der ständig wechselnden Termine für den Besuch des Befehlshabers Einsatzführungskommandos. Ich verweise darauf, dass mir die Sicherheit des Befehlshabers sehr am Herzen liegen würde. Die Situation heute wäre wohl auf ein Missverständnis zurückzuführen, das ich ihn bitte, aufzulösen.

General Daud erwidert, dass er für Sicherheit sorgen würde, dass er Waffen und Munition am Flugplatz gelagert hätte, diese abtransportieren würde und uns nun bittet, durch das Anbringen von S-Draht etc. den Zugang zum Flugfeld weiter abzusichern. Er sei zudem der Meinung, dass die Deutschen nicht viele Kräfte in das PRT einbringen müssten, würde er doch für ein sicheres Umfeld sorgen. So würde er auch anbieten, für den Befehlshaberbesuch sich an der Sicherung zu beteiligen. Ich nehme an, fordere zugleich eine Koordinierung vorweg. Wir trennen uns mit dem Ausdruck gegenseitigen Interesses an der Sicherheit im Lande, versprechen uns wechselseitig, bei auftretenden Problemen, wie geschehen, über Vertrauensleute zu informieren.

Der Umstand, dass General Daud schwere Waffen und Munition am Flugplatz gelagert hat, ist nicht akzeptabel. Sein freiwilliges Bekenntnis im Gespräch und die Zusage des Abtransports können zwar als Erfolg verbucht werden, bedürfen allerdings in der Umsetzung der Verifikation. Seine Hinweise und Angebote, sich um Sicherheit kümmern zu wollen, unterstreichen sein Interesse, auf diesem Feld eine dominierende Position einzunehmen. Das Verfahren, den LKB voraus zu General Daud zu schicken und als Kommandeur zuerst zum Ort des Problems zu fahren, um danach als "Augenzeuge" mit General Daud sprechen zu können, halte ich für gut und werde auch weiter so verfahren. Mein Auftritt als Gesprächsführer zusammen mit dem Leiter des US-PRT machte einerseits den anstehenden Wechsel in der Verantwortung deutlich, demonstrierte andererseits die Bestimmtheit zweier Partner. Durch die Art der Gesprächsführung konnte General Daud sein Gesicht wahren und steht damit auch weiterhin als Gesprächspartner zur Verfügung. In der Zusammenfassung: das rechte Vorkommnis zur rechten Zeit.

03.11.2003

Gestern Besuch des Befehlshabers Einsatzführungskommando in Begleitung seiner landeskundlichen Beraterin. Sie übersetzt die Gespräche mit General Daud, dem Gouverneur der Provinz Kunduz, Latif, und dem Polizeichef Ghullam. Hierbei zeigen sich auch die Probleme der Übersetzertätigkeit. Meinen kurzen Erläuterungen zum PRT fügt sie an, dass ich mich beim Auftreten von Problemen direkt an den Polizeichef wenden und was denn der Polizeichef von der Bundeswehr erwarten würde. Darauf fragt der Polizeichef nach, was wir denn für Probleme hätten; eine unglückliche Gesprächsentwicklung.

Anstelle General Daud zu sagen, dass die Bundeswehr sich nicht mit Drogenangelegenheiten befassen würde, weil dies Angelegenheit der Polizei sei und es dabei bewenden zu lassen, wurde dieses Thema weiter vertieft. Der Gouverneur, obwohl wir keine CIMIC-Projekte machen, erhielt die Gelegenheit, ausführlich über das Bewässerungssystem zu sprechen. Daud bringt vor, dass sich einer – er – hätte symbolisch „opfern" müssen, um das DDR-Programm anlaufen zu lassen, weil hier im Land keiner seine Waffe gerne abgeben würde, weil sie Macht bedeute. Auch sollten sich doch die Mullahs mittels eines religiösen Verbots gegen den Drogenanbau richten. Wieso dies noch nicht geschehen sei und warum er nicht Einfluss nehmen würde, wurde nicht weiter hinterfragt. Ich habe gegenüber General Riechmann unmittelbar nach dem Gespräch mit dem Polizeichef mein Unbehagen über die Gesprächsführung zum Ausdruck gebracht. Ich muss zur Kenntnis nehmen, dass im Rahmen der Vorerkundung durch das Einsatzführungskommando bereits Vorgespräche mit einigen der anwesenden Entscheidungsträger geführt wurden, deren Inhalte mir nicht bekannt waren. Ich bin nicht glücklich und überlege mit dem LKB, wie unsere künftigen Gespräche wieder am von uns verstandenen Auftrag des PRT ausgerichtet werden können.

Soweit dieses etwas enttäuschende Ereignis. Manchmal frage ich mich ernsthaft, ob wir dazu getaugt haben, möglichst rasch nach dem Bundestagsbeschluss demonstrativ verlegt zu werden, dieses medienwirksam aufzubereiten und uns dann zu vergessen. Ich predige den ressortübergreifenden Ansatz und finde keinen zivilen Partner; weder AA, BMZ und BMI sind vor Ort vertreten. Ich unterstreiche, dass wir kein Mandat zum Kampf gegen Drogenanbau und Drogenschmuggel haben und dieses auch nicht können, weil diese Aufgabe weder im Mandat noch in den Verteidigungspolitischen Richtlinien (VPR) steht und wir somit für diese Aufgabe nicht ausgerüstet und ausgebildet sind; die Polizei ist aber noch nicht vor Ort. Ich verkünde, dass wir keine CIMIC (im Balkan-Stil) machen und werde immer wieder als Nachfolge des US-PRT betrachtet, das umfangreiche Infrastrukturmaßnahmen (Schulen, Krankenhäuser, etc.) veranlasst hat. Ich versuche, uns auf die Kernaufgabe der Überwachung der Sicherheitslage zu fokussieren und unsere personelle und materielle Stärke wird sowohl von Vertretern ISAF und CJTF 180 wie auch von den Afghanen hinterfragt; weil man keine Ahnung hat, wie viel Zeit und Personal dieser Raum frisst oder weil man nicht will, dass die Deutschen mehr Präsenz zeigen?

Gut, das ist alles nichts im Vergleich zu den Ereignissen im Süden Afghanistans. Trotzdem, während es dort zwischenzeitlich fast nur noch ums Überleben geht, wollte ich doch gern mit diesem Neuansatz den Versuch machen, zum Erfolg zu kommen.

Eine Zwischenbilanz: Mit den Vorauskräften konnten bisher die interne Führungsfähigkeit, die Anbindung an vorgesetzte und benachbarte Dienststellen, die Verbindungsaufnahme zu Schlüsselpersonal im näheren Umkreis, die konzeptionelle Vorbereitung von QIP, die

Pressearbeit sowie die Erweiterung der verfügbaren Infrastruktur für die Aufnahme des Verstärkungspersonals sichergestellt werden.

Nach Aufnahme und Einweisung des Verstärkungspersonals kann eine hinreichend geordnete Stabsarbeit aufgenommen, die Verbindungsarbeit intensiviert und weiter nach außen getragen, mit der Ausführung und Überwachung von QIP begonnen, die Befähigung zur Sicherung und zum Betrieb des Flughafens hergestellt, durch Erkundung die Grundlagen für die spätere Operationsplanung gewonnen sowie der weitere Ausbau der Feldlagerinfrastruktur zur Aufnahme des für das Erreichen einer IOC benötigten Personals fortgesetzt werden.

Die Zuführung des notwendigen Personals und der Zulauf von Gefechtsfahrzeugen WIESEL und DINGO soll möglichst rasch und geschlossen über einen kurzen Zeitraum Anfang Dezember erfolgen. Diese "Machtdemonstration" erscheint notwendig, um die Ernsthaftigkeit der militärischen Seite des PRT-Projekts bei den afghanischen Schlüsselpersonen in der Region zu unterstreichen. Zudem spiegelt diese Maßnahme eindrucksvoll die Botschaft nach Hause, dass das Kontingent dann über den nötigen Eigenschutz verfügen wird.

Während vorbereitende Informationsoperationen bereits zu einem frühen Zeitpunkt auszulösen sind, soll mit der beweglichen Operationsführung in Form von Liaison Monitoring Teams (LMT) weisungsgemäß erst nach Abschluss der Arbeiten durch das US-PRT begonnen werden.

Das von uns vorerkundete und favorisierte Grundstück (BAUM-SCHULE) für den Neubau eines Feldlagers in Ortsnähe wird vom afghanischen Landwirtschaftsministerium als nicht mehr verfügbar bezeichnet, weil es zwischenzeitlich an die NGO INKARTA für ein Rekultivierungsprogramm übergeben wurde.

05.11.2003

Das Einsatzführungskommando hat keine rechtlichen und verwaltungstechnischen Bedenken gegen eine Weiterbeschäftigung der bisher durch das US-PRT zur Bewachung angestellten Ortskräfte. Information an die afghanischen Wachen, die freuen sich und versprechen, mit gleicher Treue und Loyalität wie bisher ihren Dienst zu versehen.

Gestern Abend sind Herr Dube von der Gesellschaft für Technische Zusammenarbeit (GTZ) und Herr Professor Hauchler, ehemaliger Bundestagsabgeordneter und nun Berater des BMZ aus Kabul kommend in Kunduz eingetroffen. Ich hatte sie zu meinem heutigen Gespräch mit dem Gouverneur der Provinz Takhar nach Taloqan eingeladen und ihnen zudem angeboten, Gespräche mit General Daud und dem Gouverneur der Provinz Kunduz, Latif, für den heutigen Tag zu arrangieren. Bei diesen Gesprächen war mir durch die Anwesenheit beider Herren die Möglichkeit geboten, den ressortübergreifenden Ansatz des PRT-Projekts deutlich zu machen, nicht zuletzt durch die sehr verständige und damit für das Projekt hilfreiche Gesprächsbeteiligung beider Herren.

Herr Dube, der ein GTZ-Büro in Kunduz eröffnen wird, hat sehr konkrete Angebote für Ausbildungsvorhaben gemacht, die ab Mitte November und als Einstieg für die Zeit von sechs Monaten realisiert werden sollen. Herr Professor Hauchler wird nach Rückkehr nach Deutschland dem BMZ seine Eindrücke und Erfahrungen vortragen. Diese werden, so nehme ich an, wohl geeignet sein, die bisherige Zurückhaltung des BMZ gegenüber dem militärischen Anteil des PRT-Projekts abzubauen.

Überlegungen zur Infrastruktur des PRT-Projekts KUNDUZ im Zusammenhang mit meiner operativen Konzeptidee. Hierunter verstehe ich, unter dem Schlagwort „in die Fläche gehen", die Einrichtung einer Basis in der Stadt Kunduz, dazu die Einrichtung von zwei Relaisstellen in zwei weiteren Provinzhauptstädten, Taloqan für die Provinz Takhar und Pol-e-Khomri für die Provinz Baghlan. Die Entfernung zu beiden Städten von Kunduz ist bis zu 80 km, die Fahrzeit entsprechend der Straßenverhältnisse beträgt derzeit um die zwei Stunden. Die Relaisstellen, mindestens in der Stärke eines verstärkten Infanteriezuges, wären Ausgangspunkt für eine Intensivierung der Kontakte in die Provinz hinein und würden somit die Reichweite des PRT-Projekts deutlich erhöhen. Zudem steht zu erwarten, dass auch die Hilfsorganisationen (GO/NGO) für Wiederaufbauprojekte in die Fläche gehen und sich Büros in den Provinzhauptstädten einrichten werden.

Die Konzentration der Masse der Kräfte an einer Stelle, hier in der Stadt Kunduz, hat den Vorteil, die benötigte Infrastruktur, deren Sicherung, Versorgung und Verwaltung einfacher sicherzustellen. Auf eine Basis in Kunduz, insbesondere aufgrund der Nähe zum Flugplatz, kann auch beim in die Fläche gehen nicht verzichtet werden. Sie könnte jedoch in der derzeitig genutzten und ausgebauten Liegenschaft verbleiben. Die von uns genutzte und in absehbarer Zeit zu übernehmende Liegenschaft des US-PRT wird von uns so erweitert, dass die Aufnahme des Personals und Geräts zum Herstellen der IOC des PRT-Projekts sichergestellt werden kann. Zeitgleich wird der Neubau eines Feldlagers in Ortsnähe Kunduz zur Aufnahme von bis zu 450 Soldaten geplant. Das ursprünglich hierfür vorgesehene Grundstück ist nicht verfügbar, ein anderes passendes Grundstück wurde bereits örtlich identifiziert, aber noch nicht vertraglich festgelegt.

Die Relaisstellen wären von Kunduz aus regelmäßig versorgbar. Die Entfernung würde, bei Ausstattung mit geschützten Fahrzeugen, eine Evakuierung nach Kunduz oder aber eine Extraktion von Kunduz aus zeitgerecht ermöglichen. Bei gleichzeitiger Verbesserung der Straßenbedingungen im Rahmen von QIP könnten Fahrzeiten deutlich verkürzt werden.

Das Problem der Lagerung von Munition verbleibt bei beiden Ansätzen ungelöst. Die Frage der Vorwärtsstationierung von Hubschraubern könnte mit der Relaisstellenlösung ebenso einer eleganten Lösung zugeführt werden. Für die Außenpostenoption wären allerdings auch geeignete Liegenschaften zu identifizieren, in Auslegung und Ausstattung jedoch weniger anspruchsvoll.

06.11.2003

Ich will, dass bis Mitte November das Rettungszentrum (RZ) Ausbaustufe 1 steht. Das ist der chirurgische Anteil zur Kompensation fehlender *medical evacuation* (MEDEVAC)-Fähigkeiten. Ebenso müssen alle Soldaten aus den Zelten raus in feste Unterkünfte gebracht werden, die Feldküche muss stehen und Sanitärcontainer (Toiletten, Duschen) sind einzubringen. Mit den demnächst zulaufenden Luftlandepionieren muss der Endausbau des Lagers erfolgen. Abschluss der Arbeiten bis Ende November. Die Unterbringungskapazität soll 150–180 Personen betragen. Mit dieser geringen Personalstärke muss insbesondere der Stab schlank gehalten werden, um genügend Manöverelemente verfügbar zu haben.

07.11.2003

Es ist doch immer wieder verzwickt. Da glaubte ich, den Auftrag verstanden zu haben, gibt es schon wieder Verständnisprobleme. Ich habe den Eindruck, jeder Teilbereich im Einsatzführungskommando hat eine eigene Interpretation. Das Problem, das es zu lösen gibt: Was ist ein LMT?

Zugleich ergibt sich nun doch der Anschein, dass wir CIMIC machen. Die S3/S5-Komponente ist sehr stark. Ich dachte jedoch, wir machen kein CIMIC, dafür wurde das QIP erfunden und das sei nach Umfang und Kosten begrenzt bis max. 2500 Euro. Ein kunterbuntes Durcheinander, zumindest in meinem Kopf.

Fest steht, dass das ausgebaute Camp eine Unterbringungskapazität von 160 + 20 Mann im Zelt hat. Das heißt: aus der Stellenbesetzungsliste vorerst nur die unbedingt notwendigen Funktionen abrufen und Stab und Verwaltung auf das Minimum zusammenstreichen. Die bereitgestellten Unterbringungscontainer sind nicht stapelbar. Ich kann weitere Flächen für die Unterbringung gewinnen, wenn der gesamte Obstgarten platt gemacht wird. Darauf sollte jedoch verzichtet werden. Jetzt stellt sich die Frage, was brauche ich für IOC. Insbesondere, wen hole ich von den Fallschirmjägern, den schweren oder den leichten Zug? WIESEL oder DINGO? Reaktiv oder aktiv? Oder mische ich und wenn ja, welche Fähigkeiten brauchen wir?

Ich muss nachfolgende Befähigungen haben und hierfür auch das Personal: 1) Sichern, Betreiben, Verteidigen und Evakuieren des Feldlagers sowie Lenken von Luftnahunterstützung (CAS), 2) Chirurgische Kapazität bis MEDEVAC, 3) Sichern und Betreiben des Flugplatzes; 4) Nachrichtengewinnung und Aufklärung, 5) Informationsoperationen, 6) LMT, was auch immer wir daraus machen, 7) QIP, 8) Verbindung halten zu Schlüsselpersonal der afghanischen Zentral- und Regional-/Lokalregierungen (und solcher, die sich im Übergang befinden) und der der Religion, 9) Synchronisation eigener Aktivitäten mit denen der Organisationen für Wiederaufbau.

Damit komme ich auf ein Minimum von etwa 170 Mann. Der Stabskompanie billige ich 20 Mann, den Stab lege ich auf 27 Mann fest und dem RZ gestehe ich in der ersten Ausbaustufe 17 Mann zu. Die Gedanken zum LMT drehten sich um den Begriff ‚Wanderzirkus' oder

‚Karawane'. Die gesamte Aufgabe betrachtete ich als eine mehräugige Medusa.

08.11.2003

Die heutige Fahrt nach Kabul war beeindruckend. Durch eine auf ein Minimum reduzierte Landschaft mit ebenso auf ein Minimum reduzierten Dörfern, Festungen, die uneinsehbar waren sowie aus Lehm verkleideten Mauern. Himmel, Erde; bisweilen Himmel, Berge, Erde. Kaum Bäume. Wenige Städte mit buntem Bazaartreiben. Vorbei an Reisfeldlandschaften, hinein in die Berge, hoch auf den Pass mit dem ersten Schnee und stellenweise Eis. Der Salang-Tunnel liegt auf etwa 3400 m Höhe, die Einfahrt wie die Zufahrt zur Hölle, dunkel und staubig. Noch Bauarbeiten, bei Durchfahrt ab und zu metallisches Gerappel, wenn Platten am Boden überfahren werden. Die Südflanke des Hindukusch ohne Schnee, sich öffnend in die weite Ebene, etwa 2000m hoch, die Bagram und Kabul aufnimmt.

Kabul selbst sehr städtisch, sieht man schon an der Kleidung der Menschen. Fürchterlicher Verkehr. ISAF-Hauptquartier ein hässlicher Moloch. Gutes Gespräch mit dem stellvertretenden Kommandeur (DCOM) ISAF, Generalmajor Leslie; ISAF kann uns noch nicht richtig einordnen, auch wegen der vorwiegend nationalen Anteile auf der zivilen Seite. Klärendes Gespräch mit dem stellvertretenden Kommandeur des Deutschen ISAF-Kontingents, dem wir ja nicht unterstehen, der uns aber seine volle Unterstützung zusicherte.

09.11.2003

Früh morgens raus und ab nach Bagram. Dort Treffen mit Kommandeur CJCMOTF, Col Hancock und Col Cucolo von CJTF 180. Aus den Gesprächen wurde deutlich, dass uns US/CJTF-180 als Störfaktor innerhalb der OEF-Aktivitäten betrachtet, deshalb Problem mit *command & control* sieht. Da es mir auf eine gute Zusammenarbeit ankommt, beantrage ich die Abstellung eines Verbindungsoffizier CJTF-180 in das Feldlager Kunduz zur Unterstützung der deutschen Einsatzkräfte.

Auf der Rückfahrt nach Kunduz Kopplung mit GTZ. Beim Abfahren vom Salang-Pass nach Norden auf etwa 1700m Höhe, Meldung aus dem zweitem gepanzerten WOLF, dass Bremsen nicht mehr funktionieren. Reparatur der Bremsleitung mit Kaugummi geht nicht; weiter nur mit Handbremse. Ich breche das aber ab und lasse nach anderer Lösung suchen. Lastwagen anmieten und WOLF auffahren, wie das mitten in den Bergen bewerkstelligen? Stehenlassen? Dann sieht das Auto, wenn wir es wieder abholen, wohl anders aus. Also, hinten an den HUMMER unserer US-Begleiter hängen. Das hält auch bis kurz vor Pol-e Khomri, dann brechen die Abschleppösen am WOLF, dieser wird zudem beschädigt. Die raue Straße fordert ihren Tribut. Weiter wieder nur mit Handbremse, Fahrzeug wird nach vorne mit schwerem HUMMER abgeschirmt. Nach hinten verweigert mein gepanzerter WOLF jeglichen Überholversuch durch Andere. Defektes Fahrzeug in Pol-e Khomri bei Polizeistation abgestellt. Gott sei Dank war durch LKB Major Tappe und die Feldjäger in Vorbereitung meines beabsichtigten Besuches bereits Verbindung aufgenommen worden. LKB war auch hier vorausgefahren und hatte Abstellplatz am Stadtausgang bei Polizei arrangiert, war aber zu spät gekommen, um uns einzuweisen. Deshalb landeten wir bei der Hauptwache.

Dieses Erlebnis brachte uns darauf, dass *safehaven* gefunden werden müssen. Plätze, an denen man ausruhen und Fahrzeuge unterstellen kann, die als Ausgangspunkt für weitere Fahrten dienen können; also ein weiterer Grund für die operative Lösung durch ein „Relaisstellenkonzept".

Bei der Fortsetzung der Rückfahrt nach Kunduz sollte nun der Polizeiwache am Stadtausgang für ihr Bemühen gedankt werden. Also, anhalten und Bescheid sagen, das sollte auch noch mit Pipi-Machen verbunden werden. Tappe umschreibt das mit der Floskel ‚mein Kommandeur möchte sich die Hände waschen', worauf der Polizist in seine Bude greift und eine Plastikkanne mit Wasser nach vorne bringt, unter deren Wasserstrahl ich mir die Hände wasche. Der afghanische Polizist zaubert des Weiteren ein Handtuch aus seiner Bude hervor und hält es mir zum Abtrocknen hin. Das Handtuch hat schon viele Hände und wohl auch Füße gesehen. Ich berühre es und denke, meine Finger würden mir gleich abfallen. Mein Personenschützer steckt mir ein kleines

Fläschchen mit Desinfektionsmittel zu. Ich verzichte darauf, nun auch noch Pipi machen zu wollen und verschiebe das auf später.

Auf dem weiteren Weg nach Hause noch ein Reifenwechsel in der Dunkelheit beim Fahrzeug vor uns. Es war eine beeindruckende Tour. Man sieht das Land, karg, oben rau, in den Ebenen viel Steppe, in den Flussniederungen sehr fruchtbar.

Ich denke, dass die Menschen hier Frieden wollen. Viele haben jedoch in den letzten 25 Jahren nur Krieg kennengelernt. Sie können schießen, aber nicht Lesen und Schreiben. Auf ihre Ausbildung befragt nennen sie Kalaschnikow oder Panzerfaust RPG 7, sonst können sie nichts. Manche fürchten sich vor ihren Kindern, die derzeit eine gute Ausbildung erhalten und damit schlauer sind als ihre Eltern. Die Menschen wollen friedlich auf ihre Art leben und ein Auskommen haben. Sie werden misstrauisch, wenn sie das Gefühl entwickeln, gegängelt zu werden.

Heute ist Donnerstag. Die Woche ist fast schon wieder gelaufen. Es war eine gemischte Woche, mit gemischten Gefühlen zum Auftrag und dem Sinn und Zweck unseres Hierseins. Am Montag picken die US-Spezialkräfte ein paar Panzerabwehrwaffen von General Dauds Truppen am Flugplatz. Am Dienstag Gespräch mit Daud. War sehr unbefriedigend, nicht nur weil mich der Leiter US-PRT hat hängen lassen, sondern auch, weil mich die Malariaprophylaxe, zum falschen Zeitpunkt eingenommen, geistig und körperlich lähmte.

11.11.2003

Erfahre vom Vertreter BMI, dass sich zurzeit ungefähr 8–10 britische Kriminalbeamte in Kunduz befinden für *Counter-Narcotics* (CN)-Aufgaben, die nach Kabul berichten würden. Ebenso wird behauptet, dass Gouverneur und Polizeichef der Provinz Kunduz ausgetauscht würden, es fehle nur noch die Unterschrift des Staatspräsidenten. Das BMI würde sich mit fünf Mann nach Kunduz bewegen. Schwerpunkt seien die Bedürfnisse der hiesigen Polizei sowie eine entsprechende Ausbildungs- und Ausstattungshilfe. Verweise auf den „Außenposten des AFG Innenministeriums, General Ayub, der sich im PRT befindet, dessen Aufgabe mir jedoch verschlossen bleibt, weshalb ich ihn gerne loswerden würde.

12.11.2003

Besuch beim Gouverneur der Provinz Baghlan, Eng. M. Omar, und dessen Polizeichef, dort, wo wir unser defektes Fahrzeug auf dem Rückweg von Kabul nach Kunduz abgestellt haben. Die Straße von Kunduz nach Pol-e Khomri ist in sehr schlechtem Zustand, scharfkantige Schlaglöcher in Autoreifengröße. Um Ali Abad schaufeln Kinder und Burschen entlang der Straße Schlaglöcher zu und wollen Geld dafür haben. Heerscharen, ausgerüstet mit Schaufel und Spitzhacke, graben in den Feldern beiderseits der Straße Bewässerungskanäle, ein ausgeklügeltes System, ohne Theodolit und Wasserwaage, mit Gefälle und Abzweigungen weit in das Land hinein. Ich glaube, die Afghanen schaffen es auch, das Wasser bergauf laufen zu lassen. Holz und Glas Mangelware. Holz zum Verbauen und als Gerüst, Glas wird durch Folie ersetzt.

Am Ziel in Pol-e-Khomri Gespräch mit dem Gouverneur; die Provinz Baghlan sei durch Landwirtschaft und Industrie, letztere konzentriert in Pol-e-Khomri, gekennzeichnet. Industrie umfasst die Herstellung von Zement und Stoffen. Die Zuckerfabrik wurde vor kurzem von einer Gruppe für eine mögliche Inbetriebnahme begutachtet. Es gibt ein großes Getreidesilo. Gefördert wird Kohle und es gibt ein Wasserkraftwerk mit neun Megawatt Leistung.

Der Gouverneur nennt als seine Interessensschwerpunkte 1) die Entwaffnung der Milizen und die Schaffung einer regulären Armee, sowie 2) die Ausbildung der Polizei, daneben 3) die Errichtung von Schulen und Kliniken.

Den Uzbekengeneral Abdul Rashid Dostum und General Atta Muhamad Nur bezeichnet er als Männer ohne Rückhalt im Volk, eingebunden in kriminelle Beziehungen; es heißt, einen Afghanen kannst du nicht kaufen, aber mieten. Er regt die Ausbildung von Kräften zur Sicherung der Hauptstraßen an. Auf meine Frage, ob er ein Problem mit Mohnanbau in der Provinz hätte, meinte er, seit die Leute wüssten, dass es Prämien für den Nicht-Anbau von Mohn im Süden des Landes gibt, würden sie ankündigen, auch Mohn anzubauen, um dann mit dem Verzicht in den Genuss dieser Prämien zu kommen. Der Gouverneur ist sicherlich ein Daud-Anhänger, stammt er doch wie er aus der Provinz Takhar.

Nach diesem Besuch, Treffen mit Daud am Flugplatz in Kunduz. Dort Arrangements, wie künftig verfahren werden sollte. Das verlief aus meiner Sicht positiv für uns und war geeignet, mein Rumgeeiere vom Vortag zu kompensieren.

Nächste Woche, am 18.11., sollen reinkommen ein Vertreter AA, Herr Stöckl-Stillfried, der die zivile Leitung des PRT wahrnehmen soll, und ein Vertreter BMZ, Herr Sahlmann. An diesem Tag ist auch der Stellvertreter des Befehlshabers Einsatzführungskommando zum Besuch angesagt.

Auf der Fahrt nach Kabul habe ich wieder überlegt, was ein LMT sein könnte. Ich sag mal ein mobiles, kleines und sich in Bewegung befindliches PRT. Modular aufgebaut, hätte es neben der Sicherungskomponente auch MP, EOD, HUMINT, S5, OpInfo, etc. Der Auftrag wäre Verbindungen ebenengerecht zu halten, insbesondere in Bereichen mit Sicherheitsproblemen, sowie zur Identifizierung von Handlungsoptionen, zur Koordination von Hilfsleistungen sowie zur Erkundung eigener Bewegungsmöglichkeiten. Das LMT sei auch die Sicherheitsansprechstelle für GO/NGO und Vertreter der afghanischen Übergangsregierung.

Ich notiere mir die Erarbeitung eines *Concepts of Operations* (CONOPS) als Grundlage für einen OPLAN. Zudem solle erarbeitet werden ein Katastrophenplan, einschließlich vorbeugender Maßnahmen und Schutzmaßnahmen; das Umfeld muss dabei mit betrachtet werden. Es wäre weiterhin ein Konzept für QIP zu erarbeiten.

14.11.2003.

Heute ist Freitag, Basetag. Den Base-Tag habe ich auf Empfehlung des LKB eingeführt, weil am Freitag keine Außenkontakte wahrgenommen werden können; deshalb Focus unserer Arbeit an diesem Tag auf die Dinge, die im Feldlager zu machen sind.

Heute Übergabe KSK; habe mit betroffenem Interesse die letzten vierzehn Tage die Ereignisse um Brigadegeneral Günzel verfolgt. Die Reaktion des Ministers aus seinem Grant heraus nachvollziehbar, aber grundsätzlich ungeschickt in der Ausführung.

Gestern Vorkommnis am Flugplatz Kunduz. Nach Aussage eines Obersten der zivilen Luftfahrtbehörde sollen vor Ort befindliche afghanische Soldaten (ca. 15) beabsichtigen, US-Streitkräfte zu provozieren als Reaktion auf die zuvor erfolgte Beschlagnahme von zwei RPG durch US -Spezialkräfte; diese Absicht konnte durch uns nicht verifiziert werden.

Die am Nachmittag des 10. Novembers aus einem Gebäude am Flugfeld Kunduz von den US-Spezialkräften sichergestellten RPG wurden von diesen in das PRT-Feldlager verbracht. Leiter US-PRT bat um ein Gespräch mit General Daud, das für den 11.11. um 1400 Uhr vereinbart war; ich sagte meine Beteiligung zu. Zum vereinbarten Zeitpunkt war Leiter US-PRT noch nicht eingetroffen, so dass ich die Zeit mit dem Austausch von Höflichkeiten überbrückte. Schließlich ging ich doch noch auf die Sicherheit am Flugplatz ein, indem ich darauf hinwies, dass deutsche Soldaten nun in die Sicherung des Flugplatzes eingebunden seien und die Einigung auf einen *code of conduct* zukünftig Missverständnisse im Umgang der Soldaten miteinander verhindern könnte.

Mit Eintreffen Leiter US-PRT wurde das Ereignis vom Vortag angesprochen. General Daud betonte, dass er das Verhalten der US-Spezialkräfte nicht akzeptieren könne. Der Flugplatz sei in der Verantwortung des afghanischen Verteidigungsministeriums. Er sei beauftragt, auf dem Plateau Waffen zusammen zu ziehen. Er sei der Garant für die Sicherheit im Nordosten Afghanistan. In dieser Region seien noch nie in den letzten zwei Jahren Übergriffe auf Koalitionsstreitkräfte vorgekommen, ganz im Gegensatz zum Süden und Osten. Er schlug vor, den Zugang zum Flugplatz durch Anbringen von S-Draht und sonstigen Sperren zu verhindern. Leiter US-PRT forderte eine Räumung des Gebäudes und das Einrichten einer 200m Sperrzone. Schließlich lud General Daud uns ein, ihn morgen um 1400 auf dem Flugplatz zu treffen, um vor Ort weitere Einzelheiten abzusprechen.

Am 12.11. fanden wir uns auf dem Flugplatz ein. Mit General Daud waren der Flughafendirektor, einiges Verwaltungspersonal und der Polizeidirektor Kunduz vor Ort. Es wurde vereinbart, das Flugfeld so einzuzäunen, dass der Zugang nur noch durch die Wache erfolgen konnte. Die Bewachung des Flugplatzes, der nach General Dauds Angaben in der Verantwortung des Luftwaffenministeriums, wohl dem

Verteidigungsministerium nachgeordnet, liegen würde, erfolgt durch Kräfte des Heeres, der Luftstreitkräfte und der Polizei, Gesamtstärke 30. Das besagte Gebäude wird als Unterkunft benötigt, wird von Waffen geräumt und vom Sicherheitsbereich ausgegrenzt.

Ich stelle die beiden deutschen Offiziere vor, die sich fortan bei den Sicherheitskräften am Flugplatz aufhalten würden, erbitte für diese die Benennung einer Kontaktperson und deren Erreichbarkeit, die mir auch in Person des Flughafendirektors benannt wird; so kann an Ort und Stelle Verbindung aufgenommen werden.

Für unser künftiges Handeln sollte in Rechnung gestellt werden, dass Daud kein Interesse an einer Verschärfung seines Verhältnisses zur internationalen Staatengemeinschaft haben dürfte. Im Gegenteil, er sucht offensichtlich seine anerkannte Position in der Region zu festigen, um möglicherweise in die Zentralregierung mit Einfluss einzusteigen. Hierzu gehören vermutlich auch Maßnahmen, die in Vorbereitung des DDR-Prozesses zu treffen sind, wie die Zusammenfassung und Aussonderung von schweren Waffen nach vorangegangener Kennzeichnung.

Er zeigte sich in der Behandlung des Vorkommnisses bestimmt und moderat zugleich. Er ist auf unsere Vorstellungen zur Sicherheit des Flugplatzes teilweise eingegangen. Ein Defizit besteht immer noch in der fehlenden Abgrenzung zwischen Polizei- und Militäraufgaben, was vor dem Hintergrund des noch nicht abgeschlossenen Übergangs vorerst zur Kenntnis genommen werden sollte. General Daud bleibt vorerst in der Region Kunduz der wichtigste Ansprechpartner in Sicherheitsfragen. Die von Deutschland in Aussicht gestellte Unterstützung für Ausbildung und Wiederaufbau, insbesondere der Polizei, aber auch des Militärs (ANA), sollte möglichst bald auf den Weg gebracht werden.

In Afghanistan laufen derzeit zwei Operationen, ISAF im Raum Kabul und OEF in ganz Afghanistan. Das deutsche PRT-Projekt liegt zurzeit zwischen diesen beiden Mühlsteinen. Es ist noch nicht ISAF unterstellt und es ist noch eine Unbekannte für OEF, zwar zugeordnet, aber nicht unterstellt. Das PRT befindet sich also unter Führung des Einsatzführungskommandos mit Befehl zur Verlegung, aber ohne Einsatzbefehl im Norden Afghanistans. Der Einsatzbefehl soll mit Unterstellung von

ISAF kommen; dieser Zeitpunkt ist noch nicht absehbar. Hoffentlich kommen wir aus diesen drei Mühlsteinen als etwas „Rundes" heraus.

Ich stelle mir die Frage, wie denn die Vertreter des BMZ und AA (letzterer zugleich Leiter des zivilen Anteils des PRT) von der Bundeswehr zu unterstützen sind? (Unterbringung, Verpflegung, Ausstattung mit Büro, Kraftfahrzeug, Kraftfahrer, Personenschutz). Ich denke auch über die Ausgestaltung der Steuergruppe nach. Was sind deren Aufgaben, wann und wo treffen wir sie? Geschäftsordnung, wer bestimmt letztendlich?

Nach vielen vergeblichen Versuchen, das Einverständnis des Eigentümers – er würde sich in Dubai befinden – zum Abholzen von Bäumen im Obstgarten zu erhalten um das Rettungszentrum aufzubauen, hatte ich gestern den Auftrag gegeben, mit dem Schlagen der Obstbäume zu beginnen, aber nur die Bäume zu entfernen, die dem unbedingt notwendigen Grundflächenbedarfs zum Aufbau des RZ im Wege stehen. Heute erscheint überraschend der Eigentümer selbst an der Feldlagerpforte. Er verweist darauf, dass ohne sein Einverständnis die Bäume abzuschlagen nicht so gut gewesen sei; es wären doch wertvolle Obstbäume. Ich erläutere ihm, dass nur Menschenleben das Abholzen der Bäume rechtfertigen würden, und es käme schließlich das Rettungszentrum an diese Stelle. Schließlich stellt sich im Verlaufe des Gesprächs heraus, dass er schon an Kompensation denken würde, allerdings nicht an die von uns angedachte Baumpflanzung auf seinem Neubaugrundstück. So würde er ein Haus an dieser Stelle sehr bevorzugen, ggf. könne man auch die Fläche betonieren oder die Mauer um das Grundstück verstärken. Außerdem würden wir jetzt Teile des Grundstückes nutzen, die vordem von den Amerikanern nicht genutzt worden wären, was nun zu weiteren Kosten führen würde. Wir verbleiben, dass die Nutzung des gesamten Grundstücks nachverhandelt werden würde, was ggf. auch eine Kompensation für die zu entfernenden Bäume enthalten könne. Unser Ziel ist es, keine Verstimmung zwischen dem deutschen Kontingent und dem Eigentümer aufkommen zu lassen.

Aus dem BMVg über das AA erhalten wir Sachstand zur Internationalen Beteiligung am militärischen PRT Anteil Kunduz. Feste Zusagen erfolgen durch die Ungarn, die Belgier (für Flugplatz Kunduz) und die Franzosen (Versorgungsflüge); noch zu klären ist eine Beteiligung der

Rumänen, der Niederländer, der Schweden und der Finnen. Die Einrichtung von Außenstellen des PRT in den anderen drei Provinzhauptstädten sei angedacht. Zudem Information über die Eröffnung einer Außenstelle der Botschaft Kabul in Kunduz mit dem Ziel der effektiven Wahrnehmung von Koordinierungsaufgaben vor Ort; das erscheint mir eine hervorragende Maßnahme, das verleiht dem zivil-militärischen Ansatz Gewicht.

15.11.2003

Vorweihnachtstimmung kommt noch keine auf. Auch wenn es am Salang-Pass heftig schneien soll, draußen doch recht biblische Gestalten herumlaufen und die Männer Päckchen mit Lebkuchen drin bekommen. Sonst ist hier alles recht wenig prosaisch, von dem pittoresken Umfeld abgesehen. Starker Schneefall zwingt den PRT Konvoi, der sich auf dem Weg nach Kabul befindet, zur Umkehr noch vor dem Salang-Tunnel.

Wir werden die letzten Tage ohne den zivilen Anteil des PRT genießen müssen. Wenn einmal die „Diplomaten", die ich ja kräftig herbeigewünscht habe, diese Bühne in Kunduz betreten, sind wir Hilfstruppen. Mal sehen, wie das wird. Ich werde jedenfalls versuchen, die Initiative zu ergreifen und die Spielregeln zu bestimmen. Ob das lange hält, weiß ich nicht. Kommt sicher auch auf die Rückendeckung an, die ich erhalten werde. Und da gibt es aus dem Einsatz heraus und von zuhause viele ‚Einflüsterer', die alles und jedes besser wissen. Ich will meine eigenen Verbindungsoffiziere platzieren, deshalb muss in die heutige Einsatzmeldung die Frage aufgenommen werden, ob ich die in der Stellenbesetzungsliste (SBL) aufgeführten eigenen Verbindungsoffiziere bei den vorgesehenen Stäben installieren kann. Wenn ja, Abruf nach Kunduz, dort Einweisung für ca. zwei Wochen, danach Vorstellen und Akkreditieren bei ISAF und CJTF 180.

Ich mach mir immer noch Gedanken über die „zivil-militärische Zusammenarbeit auf PRT-Ebene". Meine Dienstanweisung führt unter Absatz III. als Aufgabe aus, dass der Kommandeur der deutschen Einsatzkräfte PRT Kunduz in nationalen Angelegenheiten sowie in der Synchronisation der zivilen PRT-Projektarbeit, in enger Abstimmung mit dem Leiter des zivilen Anteils des PRT mit den unterschiedlichsten Stellen zusammenwirkt. Wie macht er das?

Mein Vorschlag ist, dass beide Leiter ein regelmäßig stattfindendes Forum einrichten für einen protokollierten Informationsaustausch mit Empfehlungscharakter in beide Richtungen. Das Forum wäre zu adressieren als die „Steuergruppe PRT Projekt Kunduz (SPPK)". Die SPPK wäre

- der Ansprechpartner für die ressortübergreifende Steuergruppe in der Heimat;
- die Vorbereitungsebene für die *Steering Group* im Einsatzland;
- die Stelle, die mit den afghanischen Regierungsstellen in Kunduz, der UNAMA im Einsatzgebiet Kunduz, der deutschen diplomatischen Vertretung im Einsatzland sowie den multinationalen Organisationen im Einsatzgebiet Kunduz in nationalen Angelegenheiten sowie in der Synchronisation der zivilen -Projektarbeit zusammenwirkt; die Ebene des internen Austausches von Informationen zu Wiederaufbauprojekten, der Beurteilung der Sicherheitslage, der beabsichtigten Maßnahmen zur Aufrechterhaltung eines sicheren Umfeldes und Notfallarrangements.

Wie arbeitet die Steuergruppe? Wer nimmt teil? Wer hat den Vorsitz? Wie werden Entscheidungen vorbereitet und getroffen; gibt es überhaupt Entscheidungen oder ist das mehr ein *clearing house* oder ein *round table* für den Austausch von Informationen? Brauchen wir eine Geschäftsordnung? Was will denn ich?

16.11.2003

Es schneit dicke Flocken und meine Frau hat Geburtstag. Es passt. Draußen ist es auffällig ruhig. Den Muezzin habe ich nicht mehr gehört, auch die Tiere ziehen sich wohl in die Ecke und schlafen das schlechte Wetter aus. Der angekündigte Flieger wird heute wohl nicht kommen – bestätigt: kommt nicht; weiß nicht, ob das gut oder schlecht ist. Wir stoßen an unsere Grenzen hinsichtlich Unterbringung sowie Bereitstellung von Strom und Wasser. Ich kann kaum befehlen, dass die Soldaten morgens um sieben frisch rasiert und geduscht antreten.

Für morgen sind 24 Mann angekündigt, das sind, wenn auch nur temporär, doch sieben Mann mehr als unsere derzeitige Unterbringungskapazität hergibt. Zwar haben wir zwischenzeitlich die Verpflegung gut im Griff, jedoch mit Unterkunft, Wasser und Strom stoßen wir an die Leistungsgrenzen des Camps. Nur noch drastische Maßnahmen, wie dichte Belegung der verfügbaren Unterkünfte, Duschverbot und Abschalten aller Heizgeräte, können Abhilfen schaffen. Ich hoffe, dass mit dem Eintreffen der zehn Pioniere auch gleich Euro-leicht-Unterkunftscontainer kommen. Dazu werden wir auch gleich Stockbetten besorgen, die in der Transit-Unterkunft genutzt werden können.

War bei den afghanischen Wachen, auf Empfehlung meines LKB. Habe mich mit ihnen unterhalten, Persönliches ausgetauscht. Die Jungs haben musiziert und gesungen; wünschen sich eine Heizung in den Wachtürmen. Vielleicht können wir auch Handschuhe besorgen. Ihr Verdienst als Wachmann kommt ihren Familien zugute; deshalb sind sie sehr dankbar und versichern ihre Loyalität.

Sorgen macht mir der Polizeigeneral, der hier im Camp Kost und Logis bekommt. Dessen Funktion ist mir nicht klar und es ist zu befürchten, dass er sich nachrichtendienstlich betätigt und ein Netz innerhalb des Feldlagers aufbaut. Zudem geht das Gerücht um, dass er es mit Kerlen treibt, was angeblich hier auch nicht so ungewöhnlich sei. So einer sei auch der Gouverneur von Badakhshan.

Heute haben wir zudem die Sache mit der im Feldlager so wild herumliegenden Munition der US-Streitkräfte gelöst. EOD, Hauptmann Ehrlicher, hat sich da gut eingebracht.

Ich erwarte, dass mit dem Eintreffen der Herren vom AA und vom BMZ dieses PRT-Projekt noch spannender wird. Herr Dube (GTZ) teilte mir heute telefonisch mit, dass Herr Sahlmann vom BMZ sehr negativ zur Bundeswehr eingestellt sei und sich nicht als deren Büttel sehen möchte. Er wolle nichts von den Streitkräften und will sich auch nicht anlehnen.

17.11.2003

Erkundung der nach Kartenplanung vorgesehenen Evakuierungsroute Nord an die tajikische Grenze. Afghanistan ist ein Land, in dem die

Gesellschaft alles Private hinter Lehmmauern versteckt und die Frauen unter Burkas vergräbt. Von Kunduz aus nach Norden endlos flach und weit. Mit dem ersten Schnee wie achtlos gefaltete Handtücher an der rechten Seite. Wieder einmal der Eindruck einer auf das Minimale reduzierten Landschaft, in diesem Fall nur Himmel und Erde. Trotzdem ist alles Land in Nutzung. Fahrspuren, wohin man schaut. Jetzt die Überreste von Gebäuden links und rechts der Straße. Hochspannungsleitung begleitet auf der rechten Seite unseren Weg. Himmel über uns blau, schwere Wolken hängen träge am Horizont. Wir kommen höher, dunkelgrau zieht sich ein Vorhang bis an den Boden. Es ist beißend kalt. Die Straße wie eine mit dem Lineal gezogenen Gerade. Links am Horizont hohe Berge mit etwas Schnee. Die Hochspannungsleitung ist immer noch dabei. Jetzt geht das Land in Wüste über, Flugsanddünen kreuzen die Straße. Diese Einsamkeit lebt auch, aber auf kargem Niveau. Ein grüner Schimmer und Flaum liegen über dem sandigen Boden.

Gräber mit Stangen gekennzeichnet, bunte Stofffetzen hängen müde herum. Unsere Fahrt führt uns durch vom Wind aufgehäufte Sanddünen. Mauern werden hier an jeder Stelle gebaut. Das Erdreich ist wohl lehmig, so dass, unmittelbar herausgeschaufelt, neben einem Graben gleich eine Mauer entstehen kann.

Am Grenzfluss verfallene Industriegebäude. Zwei verrostete Fährdampfer verharren aufgeschwemmt am Ufer. Die seien einmal von Deutschland geschenkt worden. Sehen auch so aus wie das Schiff bei ‚Fitzcaraldo'. Gespräch mit den Verantwortlichen für den Grenzübergang. Personentransport nur mit kleinen Booten wegen Wassertiefe. Lastwagen auch im Sommer, wenn die Sonne den Schnee in den Bergen schmilzt und das Schmelzwasser das Flussbett füllt. Ein gottverlassener Ort, und drüben in Tajikistan scheint es nicht viel besser zu sein. Das wäre also unser Fluchtweg, wenn es nötig wäre. Wie kommen wir über den Fluss? Die Fähre bewegt sich zweimal am Tag, wenn überhaupt; zudem sichern russische Streitkräfte die Grenze am jenseitigen Flussufer. Schlauchboote oder Sturmboote werden angedacht und wegen zu geringer Fährkapazität verworfen. Die Route Nord ist an dieser Stelle keine praktikable Lösung für eine Evakuierung unter Zeitdruck. Also, auf der Option Flughafen Kunduz weiter rumdenken.

Auf der Rückfahrt fahren wir vom Norden her nach Kunduz ein und treffen auf den Viehmarkt. Mit dem ganzen Dreck sieht Kunduz fürchterlich aus. Schlamm und Dreck wohin ich schaue, klein und groß frieren. Handschuhe, Anoraks und feste Schuhe wären ein Segen. Der Pressestabsoffizier hat heute ein Dorf ausgemacht, das wirklich Hilfe bedarf. Da werden wir was tun, Folie, Brennholz, das geht zum Nulltarif. Grundsätzliche Idee: wir macht uns die Menschen gewogen, insbesondere an für uns kritischen Punkten? So entlang der Evakuierungsroute. An Stellen, die uns Probleme bereiten können, beispielsweise Flussübergänge, Auffahrt zum Plateau, Abfahrt vom Plateau, Grenzübergang. Da tun wir Gutes, wenn möglich mit uns sofort verfügbaren Ressourcen – ich lasse die Karte mal in dieser Richtung untersuchen.

18.11.2003

Es ist gar nicht so einfach, Gutes zu tun. Haben doch irgendwelche „Backen" einen Großteil des Holzes geklaut, das beim Roden des Obstgartens angefallen war und das ich für eine Verteilung an Bedürftige vorgesehen habe. Verständlich, hat wohl irgendjemand gesagt, weg mit dem Mist. Rest des Holzes wird nun sichergestellt, damit für die gute Tat noch was verfügbar ist.

Eintreffen des Vertreters AA, Herrn Stöckl-Stillfried, und des BMZ, Herrn Herbert Sahlmann.

Gestern Gespräch mit Vertretern aus der deutschen Botschaft in Afghanistan: Herrn Dr. Rüdiger Lotz (ständiger Vertreter) und Herrn Rainer Weber (Counsellor). Austausch über Situation und Ansatz PRT, insbesondere die Zusammenarbeit zwischen zivilen und militärischen Leiter PRT. Für meine Steuergruppenidee geworben, diese ist zudem vom Einsatzführungskommando gutgeheißen worden. Die Idee der Relaisposten, in die Fläche gehen, wurde von Dr. Lotz angesprochen, von mir nicht weiter vertieft. Diesen Ansatz hatte ich jedoch auch schon gegenüber Herrn Lang von der Infrastrukturkommission erläutert.

Der Münchner Süden wird zwei Mann nach Kunduz bringen, die sollen draußen arbeiten und drinnen schlafen. Mal sehen, wie das funktioniert. Haben Daud als wesentlichen Ansprechpartner identifiziert. Ich beanspruche ihn als militärischen Ansprechpartner. Das wird wohl nicht leicht werden, hatten doch die Herren ihren eigenen Termin, einschließlich Abendessen mit Daud gemacht. Es ist sicher richtig, Daud politische Ambitionen zu unterstellen, doch letztlich ist er ein *war lord,* der über das DDR-Programm eingebunden werden muss. Er ist der Mann für die sichere Umgebung und damit mein Ansprechpartner. Ich müsste also bei jedem Gespräch offizieller deutscher Dienststellen mit anwesend sein. Wie fange ich die vielen ‚Politiker' nur ein?

19.11.2003

Es ist ein Graus, besonders mit den Herren, die meinen, wichtig zu sein. Dazu gehört sicher der Vertreter des BMZ. Dieser hält weder die Anwesenheit der Bundeswehr in Kunduz für erforderlich, noch möchte er eng mit der Bundeswehr in Verbindung gebracht werden. Trotzdem nimmt er gerne unsere Küche in Anspruch. Die Art und Weise, wie er heute sich General Daud angedient hat, war schon bemerkenswert. In keiner Weise hilfreich für das Geschäft und die Glaubwürdigkeit und Leistungsbereitschaft der Bundesrepublik.

Der Herr, der mit der Bundeswehr nichts zu tun haben möchte, wirft sich General Daud, dem General von Volkes Gnaden, an den Hals. Daud sagt von sich, dass er bis zu 30000 Mann unter Waffen bringen könne, dass er in allen vier Provinzen Gehorsam und Gefolgschaft finden würde, dass er für die Sicherheit garantieren und dass Deutschland nicht viele Soldaten senden müsse. Er preist an, dass mit dem Erschließen von Gold-, Kohle- und sonstigen Minen den Provinzen Reichtum und Entwicklung gebracht werden könne. Er hätte auch das Ohr des Präsidenten Karzai und wäre nur am Wohle der Nordostprovinzen interessiert. General Karim, den ich gestern traf, bezeichnete er als Assistenten im DDR-Prozess. Interessanter Punkt, den ich weiterverfolgen muss.

Der Vertreter AA, Herr Stöckl-Stillfried, scheint mir mit im PRT-Spiel zu sein. Er wurde heute brüskiert, als der Vertreter BMZ meinte, es würden hier drei Elemente zum Wirken kommen, das militärische, das politische und das wiederaufbaumäßige. Der Herr vom BMZ hat das System nicht verstanden, gibt die deutschen Anstrengungen eines ressortübergreifenden Ansatzes aufgrund offensichtlicher Uneinigkeit der handelnden Minister der Lächerlichkeit preis. Wird sich wohl nicht einfangen lassen, sofern er nicht von seinem Ministerium zurückgepfiffen wird.

Er hat einen Brief des BMZ an General Daud übergeben, sehr zu unserer Überraschung. Mal sehen, wie sich das zuhause entwickelt. Streit ist vorprogrammiert. Über den Winter hinweg wird aber wohl nichts passieren, reist doch dieser Herr im Dezember wieder zurück nach Deutschland. Auch der AA-Vertreter wird nach sechs Wochen nach Deutschland zurückgehen, um sein weiteres Vorgehen zu definieren. Müssen wir also mit eigenen QIP und der GTZ schnelle Wirkung zeigen, insbesondere auch während der Abwesenheit der zivilen Seite....?!..

20.11.2003

EOD nimmt eine Lagerstätte unterschiedlichster Munitionsarten, - reste und Teile auf dem Hochplateau Balahesar unter die Lupe; Großteil der Munition wird in offenen Gräben bzw. in offenen Seecontainern gelagert. Auf dem Plateau stehen auch (vermutlich einsatzbereite) Panzer der 54. Division (General Mir Alam), Bewachung des Areals durch AFG Soldaten.

21.11.2003

Heute Abholung des RefLtr Sonderstab AFG im AA, Herrn Schmunck, an der tajikischen Grenze.

Für die Initiierung von QIP haben wir ein Vertragsmuster erhalten, das dreisprachig gehalten in Deutsch, Dari und Englisch sich über zwanzig Seiten erstreckt; wer kann das lesen und verstehen? Es hat zudem im Kopf den Begriff GECON ISAF KUNDUZ – CIMIC-Unit und führt auch fortlaufend den Begriff CIMIC. Das ist doch etwas verwirrend. CIMIC wäre zwar grundsätzlich die richtige Bezeichnung, aber die Bundeswehr hat im Bosnien-Einsatz den Begriff CIMIC diskreditiert und in Konkurrenz zu zivilen Wiederaufbaumaßnahmen gestellt. Ich habe bisher alles getan, uns als Streitkräfte vom CIMIC-Begriff zu lösen, um auch nicht in die Fußstapfen des US-PRT gelenkt zu werden. Meine Nachricht nach außen ist die klare Trennung zwischen dem von ziviler Seite zu verantwortenden Wiederaufbau, insbesondere der Infrastruktur, und den von militärischer Seite veranlassten kleinen

Maßnahmen (QIP) zur Aufrechterhaltung der militärischen Operationsfähigkeit; hierzu der ressortübergreifende PRT-Ansatz.

23.11.2003

Der heutige Tag war kurios. Der deutsche Botschafter in Kabul war angekündigt, sagte sein Eintreffen wegen des gestrigen Terroranschlages in Kabul ab. Damit entfiel das Briefing im Feldlager. Unser sowieso geplanter Besuch in Taloqan wurde um eine halbe Stunde nach hinten verschoben. Der Gouverneur war bei unserem Eintreffen nicht anwesend, musste von irgendwoher geholt werden, war dann endlich da und wir begannen mit dem Austausch von allseits bekannten Bekenntnissen zum Wiederaufbau in Afghanistan. Zweites Ziel des Besuchs war die Polizei, weil General Daud am Vortag meinte, es hätte vor drei Tagen einen Sprengstoffanschlag in Taloqan gegeben, mit darauffolgender Verhaftung von drei Personen und der Sicherstellung eines IED, und ob sich die Deutschen hier nicht einbringen könnten.

Ich war soeben im Begriff, das Gespräch von den bekannten Sachverhalten zum eigentlichen Ziel zu lenken, als die Tür aufgerissen wurde, in welcher Herr Sahlmann vom BMZ stand. Es war peinlich, wie er sich in diese Runde gedrängt hat. Das Unverständnis war auf den Gesichtern der Afghanen abzulesen. Ich nutzte die Gelegenheit, dem Gouverneur zu signalisieren, dass wir uns mit der Polizei auseinandersetzen würden und ich die Herren vom AA und vom BMZ bei ihm lassen würde. Es war eine peinliche Situation nicht geeignet, den ressortübergreifenden Ansatz zu demonstrieren.

Wir zogen uns in einen anderen Raum zurück, noch reichlich verstört von dieser Begegnung mit der zehnten Art. Die von der Polizei angestimmte Leier, was sie denn alles brauchen würden, brachen wir abrupt ab, um zum Kern unseres Besuches, den von Daud angesprochen Anschlag zu kommen. Die Polizei in Taloqan meinte, sie hätten da keine Karten drin, das läge alles beim Nachrichtendienst. Nach Vereinbarung einer regelmäßigen Zusammenarbeit bestanden wir auf ein Treffen mit dem Nachrichtendienst. Es dauerte etwas, schließlich kamen zwei Männer, einer wohl der Chef, und erzählten uns von vier Vorkommnissen in den letzten zwei Monaten. Angeblich sei bei allen Al-Qaida dahinter. Ich hatte den PM, OTL Bullwinkel und EOD, Hptm

Ehrlicher, dabei, dazu noch den Leiter des US-PRT; Diese verblieben zum Sammeln weiterer Information.

Auf der Rückfahrt machten wir Halt in Kanabad. Durch Zufall haben wir den Sicherheitschef für die vier Nordostprovinzen getroffen. Treffen vereinbart. Nach Hause gefahren. Gestern Nacht hatte ich die erste Dusche in den neuen Sanitärcontainern genommen – herrlich!

Die Zusammenarbeit mit Herrn Stöckl-Stillfried lässt sich sehr gut an.

Noch mal eine Nachbetrachtung zum Besuch Sonderbotschafter Schmunck. Er regte Verbindungsaufnahme mit Dushanbe an, dabei Verbindungsaufnahme mit russischen und tajikischen Verantwortlichen für Absprachen zur Evakuierung, ggf. Erkundung der Leistungsfähigkeit des Flughafens Dushanbe für Materialtransporte. Für Evakuierung gäbe es ein Abkommen mit Tajikistan, wonach mit 24 Stunden Benachrichtigung die Evakuierung über Land einschließlich Waffen und Gerät über Tajikistan durchgeführt werden könnte. Auf dem Weg nach Norden läge eine volksdeutsche Siedlung und in Dushti ein OSCE Field Office.

Ebenso schlägt er vor, nach Masar-e-Sharif zu fahren und auch mit den Generalen Dostum und Atta Verbindung aufzunehmen und deren Zielsetzung zu erfragen. Dostum würde nach Baghlan Einfluss nehmen, deshalb schimpft auch der dortige Gouverneur, hätte aber keine Ambitionen für Kabul. Atta will Business-Mann werden.

Der Sonderbotschafter wies auch darauf hin, dass ,CapAnamur' eine neue Initiative, ,Grüne Helme', was ungefähr einem *peace corps* entspräche, gegründet und die Projekte in Takhar: Dashedekalor und Rostak aufgelegt hätte.

Nachbetrachtung zu Latif im Gespräch mit Herrn Schmunck:

Im Gespräch mit dem Sonderbotschafter betont der Gouverneur von Kunduz seine guten Beziehungen zur Zentralregierung; als Beispiel führt er den Zensus und das DDR-Pilotprojekt an. Er unterstreicht die Kooperationswilligkeit der afghanischen zivilen und militärischen Seite sowie die guten Beziehungen zum PRT; er verspricht dort auch von Zeit zu Zeit seine Probleme vorbeizubringen.

Sehr überraschend besucht der Gouverneur von Takhar das PRT-Feldlager. Angeblich wollte er den Leiter US-PRT sprechen. Dieser war nicht da, so lud der Gouverneur nachfolgende Punkte vor meiner Tür ab:

1. Das Dammsystem des Kanabad-Flusses sei marode, deshalb käme es zu Überschwemmungen.
2. Das E-Werk der Stadt, ein Dieselgenerator, bräuchte Betriebsstoff.
3. Um Lehrer auszubilden, bedürfte es einer Ausbildungseinrichtung.
4. Er hätte Probleme mit Nomaden (Gutschie).

War schon eigenartig, warum er mit diesen Sachen zu uns kam, zeigt aber die Erwartungshaltung.

Was machen wir mit den drei vermutlich defekten Kraftfahrzeugen (Tank, Enteiser, Generator), die am Flugplatz Kunduz stehen? Daud meinte, für ein paar Dollar wären sie instand zu setzen. Das glaube ich weniger, sehn nicht so aus; ich meine, erst soll EOD einen Blick drauf werfen, dann abschleppen, ggf. sehen, was gerichtet werden kann.

24.11.2003

Mache mir viele Gedanken zur Ausgestaltung der Schutzkompanie. Idee ist noch nicht gereift. Ich komme mit dem KpChef, Hptm Milani, auf den Gedanken, nur vier WIESEL zu holen, dafür die MILAN auf WOLF.

Um 1600 Uhr Sicherheitsgespräch. Anschlagswarnung aus Kabul, wonach ein Kfz gegen PRT Kunduz angesetzt sein soll. Warnung wird wohl zu 99% nicht zutreffen. Trotzdem ernst nehmen. Vereinbaren regelmäßige Treffen, immer freitags 1600 Uhr. Hr. Lothar Dröscher, Zollkriminalamt, berichtet von einem Angebot Flugabwehrrakete STINGER, auch wir haben ein Angebot von Datgul, Katachel e.V.

Heute Vormittag über Mittag Besuch des Befehlshabers Luftwaffenführungskommando, Generalleutnant Jerz, und einigen anderen Herren. Wollen sich mit den Verhältnissen am Flugplatz und im Lager vertraut machen. Er regt an, ein mobiles TACAN (Tactical Air Navigation System) einzubringen, das uns im Flugbetrieb witterungsunabhängiger machen würde. OTL Schneider, vormals Luftwaffenverbindungsoffizier (ALO) bei KSK, verspricht, sich der TACP-Angelegenheit anzunehmen. Diese Befähigung will ich so früh als möglich haben, braucht jedoch noch die Zertifizierung durch US. Gerade kommt Meldung rein, dass TACAN wohl nicht das bringen würde, was wir erhoffen. Es bedürfte der Aufnahme in ein internationales Funkfeuerverzeichnis, was nachvollziehbar ist. Wir werden dranbleiben, weil wir langfristig unsere Nabelschnur verbessern müssen.

Hinsichtlich Personals muss ich die Funktion eines Landeskundlichen Beraters (LKB) für den Kommandeur der deutschen Einsatzkräfte, wie ich sie seit Beginn des Einsatzes durch Herrn Major Tappe wahrnehmen lasse, offiziell etablieren. Hierzu nachfolgende Begründung:

Mit Eintreffen der Führungsstelle der deutschen Einsatzkräfte Kunduz im Einsatzland nehme ich Herrn Major d.R. Arno Tappe, OpInfoStOffz und in der SBL vorgesehen, als Zielgruppenanalytiker in der Aufgabe eines Landeskundlichen Beraters in Anspruch. Ohne dessen ausgesprochen kenntnisreichen Rat, seine Unterstützung bei der Vorbereitung von Gesprächen, seinen Hilfestellungen in der Behandlung kultureller und religiöser Angelegenheiten sowie seinem Feingefühl für erfolgreiche zivil-militärische Zusammenarbeit wäre der bisherige Fortschritt in der Positionierung des deutschen PRT-Projekts in der Region Kunduz nicht möglich gewesen.

Die Bedeutung der landeskundlichen Beratung wird insbesondere auch vom Vertreter AA ausdrücklich unterstützt. Bisher war die Einrichtung eines Landeskundlichen Beraters grundsätzlich nicht vorgesehen. Ich schlage deshalb vor, und beziehe mich dabei für die nächste Zeit auch konkret auf die Person des Majors d.R. Tappe, beim Leiter des zivilen Anteils des PRT-Projekts einen Vertreter des Militärattachèstabes Kabul einzurichten und darauf Herrn Major Tappe zu platzieren. Damit bliebe seine unschätzbar wertvolle Kompetenz der Führung des PRT-Projekts erhalten.

Ich muss alles noch auf Papier bringen; dazu noch taktischer Einsatz, Zusammenstellung der Kräfte, Führung der Schutzkompanie und Stabskompanie durch einen Kompaniechef. Hierzu rede ich vorher noch mit dem Kompaniefeldwebel. Mir fehlt noch die offizielle Antwort zu den QIP-Verträgen.

Gestern hat einer meiner Offiziere eine S-Draht Rolle zur Erhöhung der Sicherheit verlegt und dabei den benachbarten Grundstückseigentümer vom eigenen Grund und Boden ausgesperrt. Schicke Geschichte, weil uns der Grundstückseigentümer massiv gedroht hat. So kann man aus guter Absicht sehr grobe Fehler begehen.

Weitere Überlegungen zur Schutzkompanie. Diese wird eine Mischung aus schweren und leichten Teilen. Die ursprüngliche Idee, den schweren Zug reinzuholen, geht nicht. Wir brauchen Sicherungskräfte, Infanteristen, *boots on the ground*. Aufgrund der beengten Infrastruktur kann nur eine bestimmte Anzahl untergebracht werden. Hierzu hatte ich G3/S3 und KpChef beauftragt, mir eine Vorlage zu machen. Ausgehend von den Hauptaufgaben sowie einer zahlenmäßigen Begrenzung nach oben. Ergebnis liegt nun vor, zufriedenstellend.

25.11.2003

Ende Ramadan, Muslime feiern Eid bis 28.11, keine Chance, auf Ortskräfte zurückzugreifen, wir schränken unsere Bewegungen draußen ein.

Nach mehreren Gesprächen mit General Daud will ich meine Eindrücke zusammenfassen.

Meine Gelegenheiten zum Gespräch in den vergangenen vier Wochen beschränkten sich nicht nur auf den Austausch von Höflichkeiten bei meinem eigenen Antrittsbesuch oder den Besuchen durch den Befehlshaber Einsatzführungskommando, dem des Sonderbotschafters Schmunk, dem des Leiters des zivilen Anteils des PRT oder dem des Vertreters der GTZ, sondern hatten in mindestens drei Fällen einen konkreten Anlass im Zusammenhang mit der Sicherheit am Flugplatz Kunduz.

Meine Gespräche und die Besuche wurden stets vorbereitet durch den LKB, der sich ein informelles Standbein mit dem Stellvertreter des General Daud, General Gulistan, einhergehend mit einem wöchentlichen jour fixe, eingerichtet hat.

General Daud stellt sich dar - und wird auch von mir so betrachtet - als der für die Aufrechterhaltung der äußeren und inneren Sicherheit in den vier Provinzen Nordostafghanistans verantwortliche Mann. Zugleich übernimmt er auch die Garantie für die Sicherheit des deutschen Einsatzkontingents und die in der Region tätigen internationalen Organisationen. Die Region sei sicher, er würde dafür sorgen. So sei auch keine Notwendigkeit gegeben, das deutsche Kontingent zahlenmäßig sehr umfangreich zu machen; die im Bundestagsbeschluss genannte Stärke von bis zu 450 Mann wäre doch zu groß. Das hierfür erforderliche Geld solle besser in den Wiederaufbau investiert werden.

General Daud bezeichnet im Gespräch mit dem Befehlshaber Einsatzführungskommando seine Beteiligung am Pilotprojekt des DDR-Prozesses mit den Worten, dass sich irgendjemand opfern müsse, um diesen Prozess in Gang zu bringen, dass es nicht so einfach sei, einem Afghanen die Waffe wegzunehmen, weil ja Waffen auch Macht bedeuteten. Er hätte seine Männer um Verständnis gebeten, dass es notwendig sei, nun Zeichen zu setzen für die Zukunft des Landes.

Mit dem Besuch durch den Sonderbotschafter Schmunck variiert General Daud seine Ausführungen. Er sagt, dass er eigentlich gar kein General sei, diesen Titel vom Volk bekommen hätte. Er führt aus, dass er in allen vier Provinzen Gefolgschaft hätte und seinen Anweisungen Folge geleistet würde. Er meint, dass er jederzeit bis zu dreißigtausend Mann unter Waffen bringen könne. Er gibt ein Bekenntnis zur Zentralregierung ab, bezeichnet die in der Presse aufgeworfenen Probleme mit dem Verteidigungsminister als Familienstreitigkeiten, die geregelt werden können. Er beklagt sich über das Verhalten Dostums, seine Kommandeure mit Geld zu bestechen und zum Überlaufen zu bewegen.

Er unterstreicht die Notwendigkeit zum Wiederaufbau des Landes. Verweist auf die Vielzahl von Bodenschätzen und Rohstoffen, die gefördert und die Erlöse dem Wiederaufbau des Landes zugeführt werden könnten. Er bietet an, diese Minen in den vier Provinzen für die Ausbeutung zugänglich zu machen. Er, Daud, sei am Wohle der vier Nordostprovinzen interessiert.

Er behauptet, das Ohr des Präsidenten Karzai zu haben. General Daud hat offensichtlich politische Ambitionen. Er braucht hierzu seine Machtbasis, das Militär in den Nordostprovinzen ebenso wie die Unterstützung durch die Internationale Gemeinschaft. Er ist an der Aufrechterhaltung eines sicheren Umfeldes interessiert, um so Investitionen internationaler Geldgeber anzulocken. Fraglich ist, ob seine Milizen so uneingeschränkt hinter ihm stehen, dass er für das Verhalten der Kommandeure garantieren kann. So gilt der Kommandeur der 54.

Division, General Mir Alam, als der eigentlich starke militärische Führer in der Region Kunduz, der General Daud kritisch gegenübersteht. General Mir Alam scheint zudem auch noch andere Funktionen, wie z.B. den des Minenbeauftragten, wahrzunehmen. Die Versuche Dostums, Kommandeure der Daud-Milizen abzuwerben, verstärken den Eindruck, dass General Daud ständig bemüht sein muss, seine Truppe, das VI. Korps AMF, bei der Stange zu halten. Wie geschieht dieses Zusammenhalten? Er mag Charisma für afghanisches Verständnis haben und davon zehren, in der unmittelbaren Nähe des allseits verehrten Massoud groß geworden zu sein; er hat jedoch keine militärische Ausbildung.

Es bleiben Fragen: Wer zahlt den Sold dieser Milizen, deren Ausrüstung, Ausstattung und Verpflegung? Es muss wohl Daud sein, aber woher nimmt er das hierfür erforderliche Geld?

General Daud ist kein Vertreter der Übergangsregierung, er hat jedoch die Sympathien des Staatspräsidenten und des Verteidigungsministers. Daud ist nicht vom Volke gewählt und nicht in offizieller Funktion tätig für die nordostafghanischen Provinzen. Daud versucht sich zu positionieren für künftige politische Aufgaben, ohne dabei seine Machtbasis, das Militär, aufzugeben. Er hat kein Interesse, der Beobachtung durch ISAF-Kräfte ausgesetzt zu sein; deshalb sein Hinweis auf die Stärke des Bundeswehrkontingents. Hierbei beruft er sich auf die ursprünglichen Aussagen des deutschen Verteidigungsministers zu einer Schutzkomponente in Stärke von etwa einhundert Soldaten. Die politischen und militärischen Erörterungen, aus denen sich dann die mit dem Bundestagsmandat gebilligte Obergrenze von 450 Soldaten ergab, mag ihm wohl so nicht vermittelt worden sein. Auch könnte der ressortübergreifende Ansatz des PRT-Projekts für ihn bedeuten – und so betrachte ich ihn auch –, nur als Milizenführer behandelt zu werden und sich nur mit dem militärischen Anteil des PRT auseinandersetzen zu dürfen. In dieser Rolle mag er für sich keine Zukunft sehen. So macht er sich mit seinem Ansatz zu einem Gesprächspartner auch für den zivilen Anteil des PRT sowie all derer, die den Wiederaufbau der Provinzen in die Wege leiten wollen. Er setzt sich über die vier Provinzgouverneure, indem er sich gleichermaßen für den Wiederaufbau wie für das sichere Umfeld als Ideengeber und Verantwortlicher ausgibt. Er will beide Elemente in einer Hand behalten.

Daud muss jedoch im DDR-Prozess nachweisen, dass er seine Entwicklung vom Milizenführer zum Politiker ernstnimmt. Das und nichts anderes ist der Prüfstein. Nach bisherigen Erkenntnissen werden die schweren Waffen, nach erfolgter Registrierung, auf dem Plateau nahe beim Flugplatz Kunduz zusammengeführt und durch einen Verband von ca. 600 Mann bewacht. Vor diesem Hintergrund lässt ein größerer militärischer Verband in relativer Nähe zum Flugplatz, einhergehend mit den sehr mangelhaften Sicherheitsvorkehrungen vor Ort, doch große Bedenken hinsichtlich der Sicherheit des Flugbetriebes in Kunduz aufkommen. Es ist jetzt schon sehr schwer festzustellen, wer eigentlich für die Aufrechterhaltung der Sicherheit am Flugplatz verantwortlich ist. Die Wachen werden gestellt von der Polizei sowie Kräften des Heeres und der Luftstreitkräfte. Sicherheitsperimeter sind nicht zu erkennen. Der Flugplatz soll, nach Aussagen General Dauds, in der Verantwortung des Luftstreitkräfteministeriums liegen, das wohl dem Verteidigungsministerium nachgeordnet sei.

26.11.2003

Heute Fahrt nach Mazar-e-Sharif. Zehn nach drei morgens raus, um vier Uhr los. Absicht ist es, mit dem UK-PRT Verbindung aufzunehmen, die Hauptversorgungsstraße nach Mazar-e-Sharif (MES) zu erkunden, den Flugplatz MES zu erkunden und Sicherheitsgespräche mit Dostum (arrangiert durch AA) und Atta (zu arrangieren durch UK-PRT) zu führen. Dostum nimmt angeblich Einfluss in die Provinz Baghlan, indem er nach Aussage General Dauds dessen Generale besticht oder kauft.

Guter Besuch im UK-PRT. Zuvor Erkundung Flugplatz MES, dort Übernachtung bei einem schmalen US-Logistik-Element, das von Jordaniern bewacht wird. Dessen, äußerer Ring wird durch Attas Soldaten gestellt.

Das UK-PRT wurde vor etwa fünf Monaten in einem sehr urbanen Umfeld in MES, nicht weit von der Blauen Moschee, untergebracht. Die verfügbare Infrastruktur besteht aus einem großen und einer Vielzahl von kleinen Häusern, die sehr nahe zueinanderstehen. Freiflächen sind kaum vorhanden, Parkraum ist eingeschränkt. Arbeits-, Unterkunfts- und Betreuungsräume bietet das große Haus.

Das PRT hat derzeit eine Stärke von ca. 90 Mann. Es soll um weitere 30 Mann aufgebohrt werden. Die Truppe wird mit Masse von Gurkhas gestellt, diese betreiben auch die Küche. US-Streitkräfte sind in das PRT eingebunden; deren Struktur und Führungsbeziehungen entziehen sich meiner Kenntnis. Ein schmales Kontingent der dänischen Streitkräfte ist im Zulauf. Mit dem Personal deckt das UK-PRT fünf Provinzen ab, die der Fläche von Schottland entsprechen.

UK fährt, so wie das deutsche PRT, einen ressortübergreifenden Ansatz, indem ein *political advisor* (POLAD) und ein Vertreter des *Department for International Development* (DFID) dem Kommandeur beigestellt sind; der Kommandeur hat allerdings die alleinige Entscheidungsbefugnis. Außerdem sind ein Verbindungselement zum *US Department of State,* zu USAID und zum AFG Innenministerium (ein Polizeigeneral wie bei uns, dessen Auftrag sich dem UK-PRT auch nicht erschließt) angehängt.

Der UK PRT-Kommandeur Dickie Davis meint, dass der deutsche Ansatz falsch sei hinsichtlich der künftigen Zuordnung zu ISAF; die Abhängigkeiten zur TF 180 würden auch weiterhin bestehen bleiben. Er meint wohl, dass auch das Mandat robuster sei?!?

Der Auftrag des UK-PRT ist sehr weit gesteckt. Er lässt sich kurz fassen in dem Slogan "*encourage a secure environment*". Die bisherigen Aktivitäten des PRT konzentrierten sich demgemäß auf *security* und weniger auf *reconstruction.* Die Hauptlast des Einsatzes tragen die *Military Observer Teams* (MOT), gestellt von den Gurkhas, die Augen und Ohren an den wesentlichen Provinzstädten und Brennpunkten entlang der Hauptverbindungslinien haben. Ein MOT besteht aus zwei Fahrzeugen (handelsüblich) mit mindestens vier Soldaten und einem Übersetzer. Die Dänen bringen in Kürze das Personal für ein fünftes MOT ein, so dass schließlich alle fünf Provinzen des UK-AOO abgedeckt werden können. Daneben wird ein *Military Liaison Team* (MLT) im Süden des Operationsraumes für verdeckte (*covert*) Operationen (*engage*) eingesetzt; es sind Spezialkräfte (SAS) dahinter zu vermuten.

Die *Force Protection Group* (FPGp) besteht aus zwei Escort-Teams, jedes mit zwei Fahrzeugen (handelsüblich). Die Aufgabe besteht u.a. in Begleitschutz Kommandeur, Sicherung Flugplatz, wenn notwendig, und Verstärkung der Sicherung des Lagers. Die QRF-Section besteht aus einer Gruppe mit zwei gepanzerten Landrovern (mil) und Maschinengewehr auf Lafette. Die Bewachung der Liegenschaft erfolgt durch ca. 20 bewaffnete afghanische Wachmänner, vergleichbar unserer Lösung, aus Dostums Truppe kommend. Die Sanitätsversorgung ist durch einen Arzttrupp sichergestellt; das ist doch dünner als beim deutschen PRT.

Die konzeptionelle Auslegung des UK-PRT kommt dem deutschen Ansatz sehr nahe. Der Unterschied zum US-PRT Ansatz, der sich voll auf *reconstruction* konzentriert, wird besonders bei den Personalstärken des UK- und des GE-PRT deutlich; er ist eindeutig höher. Dazu schlagen, im Vergleich zum UK-PRT, beim deutschen Ansatz zusätzlich die intensiveren Maßnahmen zum Eigenschutz zu Buche, so die größere Schutzkomponente sowie das RZ. Insgesamt sehe ich unseren Ansatz als gerechtfertigt an.

Durch die „Einordnung" des zivilen Anteils in den militärischen Anteil des UK-PRT scheint mir der Focus notgedrungen auf dem Thema Sicherheit zu liegen, unter hinten anstellen von Maßnahmen zum Wiederaufbau. Ausgehend von dem Junktim zwischen Wiederaufbau und einem sicheren Umfeld, so auch unser Credo, kann festgestellt werden, dass sich die Lage in dieser Region aufgrund der Rivalität zwischen Dostum und Atta wesentlich unruhiger darstellt und für Wiederaufbau noch nicht hinreichend geeignet erscheinen mag. Durch die jüngste bewaffnete Auseinandersetzung zwischen Dostums und Attas Truppen war das UK-PRT sehr rasch gezwungen gewesen, einen Beitrag zur Beruhigung der Lage zu erzwingen, was durch einen Waffenstillstand sowie eine Vereinbarung zur Abgabe schwerer Waffen beider Seiten in *cantonment sites* erfolgte.

Diese Maßnahme, außerhalb des DDR-Programms, erzeugt eine gewisse Dynamik mit Signalwirkung für andere Regionen, ohne dass jedoch die Rahmenbedingungen sich gleichen. Zumindest in der Nordostregion des deutschen PRT ist die Lage anders. General Daud ist unbestritten maßgeblich und weitgehend konkurrenzlos für die Aufrechterhaltung eines sicheren Umfeldes verantwortlich. Es gibt keinen Anlass, der die vorgezogene Abgabe seiner schweren Waffen erzwingen lassen dürfte. Er muss also regulär in den DDR-Prozess eingebracht werden.

Sehr eigenartig empfand ich die Aussage des UK-PRT Kommandeurs, dass die Truppen beider Parteien nach Waffenabgabe nunmehr ANA seien. Hier scheint der vorgesehene Zertifizierungsprozess nicht zur Geltung gebracht worden zu sein; es wäre die Festlegung ANA *per votum* durch eine äußere Macht. Dieses in Verbindung mit der Bezahlung und logistischen Unterstützung durch US erscheint nach außen nur schwer vermittelbar.

Zusammenfassend stelle ich fest, dass der Besuch beim UK-PRT mich darin bestärkt hat, den von Deutschland gewählten ressortübergreifenden Ansatz einhergehend mit einer robusteren Auslegung der Komponente Eigenschutz als besonders geeignet zu betrachten.

Die Briten machen das mit dem PRT smart. Meinen, dass sie weniger R (*reconstruction*) und mehr S (*secure environment*) machen, weshalb die Abkürzung PST heißen sollte.

Konzentrieren sich auf das sichere Umfeld, befassen sich mit Atta und Dostum gleichermaßen. Sind im Oktober zwischen die sich bekämpfenden Streitkräfte beider Generale gegangen und haben, mit Unterstützung der Zentralregierung, einen Waffenstillstand und die Abgabe der schweren Waffen vereinbart. Atta ist dieser Initiative gut nachgekommen, Dostum nur zu einem geringen Maße. Fährt nach Aussage der Briten wohl seine eigene Agenda *at the margin*.

Sind jetzt auf dem Weg zu Dostum, grobe Richtung Nordwest auf dem Weg von MES nach Sherbakhan, wo wir Dostum in seiner Residenz treffen sollten, Abendessen eingeschlossen.

Unterwegs treffen wir auf den Kommandeur des UK-PRT. Er sagt uns, mit Schweißperlen auf der Oberlippe, dass Dostum irgendwo im Lande unterwegs sei. Seine eigene Absicht, ihn anzutreffen, wäre fehlgeschlagen. Er meint, dass auch wir ihn nicht antreffen würden, und er würde uns deshalb nach MES zum Abendessen einladen. Da wir uns im Verantwortungsbereich der Briten befinden, können wir nicht widersprechen und so kehren wir um und folgen Col Dickie Davis zurück zum UK-PRT in MES. Das ganze Treffen war doch etwas seltsam. Beim Einsteigen erfahren wir von den bei uns befindlichen Vertretern des AA, dass Dostum auf uns warten würde, er bloß keine Absicht gehabt hätte, mit dem Briten zu sprechen und ihm deshalb ausrichten ließ, im Lande unterwegs zu sein.

Auf dem Weg zurück, es war schon Dämmerung, hielten wir in der für Dostum eingerichteten *cantonment site*, westlich von MES. Eine sehr seltsame Begegnung mit einem US Major, Soldaten von Dostum in einem Zeltlager, in dem noch vier Kampfpanzer T-55 standen. Die vereinbarte Abgabe der schweren Waffen sei nicht Teil des DDR-Programms. Die Zusammenfassung der schweren Waffen würde nicht dazu dienen, über die Registrierung dieser Waffen in die Zertifizierung von Einheiten für die ANA einzusteigen. Es erscheint, als wenn hier Waffen und Männer ohne weitere Maßnahmen in die ANA überführt und von US bezahlt würden.

27.11.2003

Heute Gespräch mit General Atta; hierzu treffen wir bei Atta (wahrscheinlich an seinem Wohnsitz, denn die Kinder sind anwesend) in MES um 0830 Uhr ein. Mit anwesend waren auf meiner Seite Herr Stöckl-Stillfried (AA), Major Tappe (LKB), der POLAD des UK-PRT und ein Übersetzer des UK-PRT. Auf Seiten Attas dessen Politischer Berater, ein "Protokollchef" und ein Herr, den ich aufgrund seiner am Ende des Treffens offenbarten, guten Englischkenntnisse Attas Nachrichtendienst zuordne. Der politische Berater Attas überbrückte die ca. zehn Minuten Wartezeit, indem er Lobpreisungen auf General Atta, dessen Bekenntnis zur Zentralregierung, zum Abrüstungsprozess und zum Frieden in Afghanistan ausbrachte. So vorbereitet erschien dann Atta, ein Mitdreißiger im hellgrauen Anzug und modernen Schuhen, sein Auftreten locker. Kein langer Austausch von Höflichkeiten.

Das Gespräch aufnehmend beschreibe ich den Zweck unseres Besuches in MES mit dem Austausch von Informationen und des Abgreifens von Erfahrungen des UK-PRT, welches wir am Vortag besucht hatten. Ergänzend sind wir auch an seinen Erfahrungen interessiert, insbesondere im Umgang mit dem PRT.

Atta meinte, wir (das deutsche PRT) würden im Nordosten eine viel einfachere Situation vorfinden (was richtig ist), außer in Badakhshan, denn dort würde „die Natur etwas anders sein". Die Probleme bei jeglicher Zusammenarbeit in der Region würden darauf zurückzuführen sein, dass General Dostum mehr auf seine militärischen „Marshalls" und nicht auf seinen politischen Berater hören würde. Die Zukunft des

Landes sei von der Ernsthaftigkeit und dem Fortschritt der Waffenab-gabe abhängig. Hier wäre Dostum zögerlich, weil er zudem auch seine Kommandeure nicht im Griff hätte Atta meinte, Afghanen seien wie Rennpferde, wenn sie einmal losstürmten, würden sie nur schwer wie-der aufzuhalten sein.

Eine Stärkung des Einflusses der Zentralregierung in den Regionen wäre notwendig, einhergehend mit der Akzeptanz durch die örtlichen militärischen Führer. Atta nannte als Beispiel den Kommandeur der 82. Division, der vom Staatspräsidenten abgesetzt, von Dostum jedoch nicht entlassen wurde.

Atta meint, das UK-PRT würde sich mehr der Sicherheit und weniger der *"Reconstruction"* und *"Reintegration"* annehmen, so dass es eigentlich ein "PST" sein müsste. Diesen Hinweis aufgreifend übergebe ich die weitere Gesprächsführung an Herrn Stöckl-Stillfried. Dieser stellt den deutschen Ansatz zum Wiederaufbau vor und verweist auf die füh-rende Rolle Deutschlands bei der Polizeiausbildung in ganz Afghanis-tan. Sodann hinterfragt er das Engagement General Attas zum DDR-Prozess. Atta bezeichnet sich als den Mann, der den ersten Schritt in diese Richtung getan hätte, weil er für das Land notwendig sei. Im Alter von 25 Jahren hätte er nie ein Waffensystem abgegeben, selbst wenn es beschädigt gewesen wäre. Nun wären er und die Zeit reif für solche Maßnahmen.

Meine Frage, welchen Rat er für unsere PRT-Arbeit geben würde, be-antwortet er mit "Herstellen eines guten Verhältnisses zu den örtlichen Autoritäten". Jeder hätte seine eigene Auffassung zu bestimmten Sach-verhalten, die innerhalb der Provinzen zwischen Gouverneur, Polizei-chef, Militärchef in der Regel nicht übereinstimmen würden. Die Be-setzung von verantwortlichen Funktionen würde die in den Provinzen lebenden Ethnien berücksichtigen.

Ende Oktober gab es eine bewaffnete Auseinandersetzung zwischen Attas und Dostums Truppen. Das UK-PRT ging dazwischen und er-zwang so einen Waffenstillstand und eine Vereinbarung zur Abgabe schwerer Waffen. Zur Aufnahme der Waffen wurden westlich von MES jeweils eine *cantonment site* für Dostums Truppen – die wir am Vortag besichtigen konnten – und ostwärts davon für Attas Truppen eingerichtet. Uns wurde erläutert, dass mit Abgabe der Waffen die

Truppe in die ANA überführt worden sei und der Sold von den USA bezahlt werde. Auf die Frage, was nun mit den Soldaten geschehen würde, die entsprechend der durch das UK-PRT, der Zentralregierung und ihm, Atta, sowie Dostum getroffenen Vereinbarung über die Abgabe schwerer Waffen freigesetzt oder in die ANA überführt würden, antwortet er, dass es schlecht sei, wenn die Soldaten der ANA von "Ausländern" bezahlt und logistisch versorgt würden. Das sei für die Akzeptanz nicht gut. Er führte weiter aus, dass er ein Konzept vorgeschlagen hätte, dem aber nicht gefolgt worden wäre. ANA sollte demnach 150.000 Soldaten umfassen. Weitere Einzelheiten habe ich nicht aufgenommen, außer, dass er die Ausbildung des Militärs als erforderlich ansehen würde. Auf meine Frage, an welche Ausbildung er denke, wo die Männer doch verstünden, wie man kämpft, kam keine hinreichend solide Antwort.

Zum Ende des Gespräches, nach ca. einer Stunde, kommen Attas Söhne in den Raum. Eine letzte Frage wurde durch den Herrn erbeten, den ich Attas Geheimdienst zuordne. Er fragte nach unseren Absichten hinsichtlich der Bekämpfung von Mohnanbau und Drogenschmuggel. Ich verwies auf die bereits begonnene Ausbildung der afghanischen Polizei, die sich dieser Aufgabe widmen soll, und verneinte eine Mandatierung für uns. Die Federführung bei *Counter Narcotics* liegt bei UK; das deutsche BMI beteiligt sich an den Ausbildungsvorhaben. Er unterstrich daraufhin nochmals die Notwendigkeit, gegen Drogen vorgehen zu müssen, weil es sich dabei nicht nur um ein afghanisches, sondern um ein weltweites Problem handeln würde. Dem stimme ich zu und bekräftige seinen ganzheitlichen Ansatz.

Atta hat politisches Gespür, zumindest hat er ein Gespür für Geschäfte. Er ist lockerer als General Daud. Er hängt offensichtlich weniger am Militär als Grundlage seiner Macht. Er hat, durch welche Kompensationsmaßnahme auch immer, einen deutlichen Schritt in Richtung Waffenabgabe gemacht und setzt damit andere Kommandeure, insbesondere Dostum, unter Druck. Er ist weitgehend der Vereinbarung nachgekommen, was der Umfang der in der *cantonment site* befindlichen schweren Waffensysteme deutlich zeigt. Seine Soldaten sind nun ebenso Teil der ANA und werden von US bezahlt. Es muss allerdings festgehalten werden, dass diese Waffenabgabe nicht Teil des DDR-Prozesses ist. Auf dem Hinweg wie auf dem Rückweg sind wir an dieser *cantonment site* vorbeigefahren (ohne anzuhalten). Das Lager ist von außen gut einsehbar und zeigt eine Vielzahl schwerer Waffensysteme, die in offensichtlich gutem Zustand waren. Dieses wurde uns auch vom Kommandeur des UK-PRT bestätigt.

Atta surft auf der Welle und lässt sich als der Friedensbringer feiern. Damit entsteht Druck auf Dostum, der offensichtlich noch nicht mit einer adäquaten Kompensation konfrontiert worden ist. Zudem scheint er den Briten deren Einmischung in sein Scharmützel mit Atta sehr übel zu nehmen, so dass er zurzeit jeden Kontakt zu diesen verweigert. Diesem Umstand ist auch das Scheitern unserer Absicht eines Sicherheitsgesprächs mit General Dostum zuzuschreiben. Dostum verweigerte sich dem Wunsch des UK-PRT Kommandeurs nach einem Gespräch vor unserem Eintreffen. Er ließ verbreiten, dass er sich im Land zu Gesprächen befinden würde. Mit dieser Nachricht – Dostum sei nicht in seinem Haus – fing uns der UKPRT Kommandeur ab. Wir erfuhren jedoch, dass Dostum sich verleugnen hat lassen und auf uns warten würde. Um den UK-PRT Kommandeur nicht in Probleme zu bringen und in Anbetracht des Umstandes, dass wir uns in seinem Operationsgebiet bewegen, haben wir auf die Fortsetzung unserer Fahrt verzichtet.

28.11.2003

Jour fixe: ein unverbindlicher Informationsaustausch.

GTZ: *not yet out of Konduz*, haben bisher noch keinen gesprochen außer Herrn Sahlmann.

GTZ teilt trotzdem *preliminary results / experience / impressions* mit uns; verweist dabei auf die Notwendigkeit des *rural development, infrastructure development (social – schools, productive – agriculture. Transport – roads, etc, disaster prevention, energy.* Alles offensichtlich und keine tiefschürfenden Erkenntnisse; war ja auch nicht zu erwarten.

KfW holt sich Kredit zurück; hat hierfür eine eigene Organisation (District Manager – Shura), die einem „Genossenschaftssystem" entsprechen soll. Fokussieren auf *roads, storage facilities* für *seeds, fertilizers* sowie *train the trainers.*

Die Zielrichtung unserer QIP beschrieb ich mit *enhance own tactical mobility; receive sympathy of the population, enhance working conditions for security personnel*; wir würden einen *regional focus* haben *starting with Konduz, expanding into Baghlan, and Taqhar.*

Im anschließenden Sicherheitsgespräch diskutierten wir als mögliche Ausschlussgebiete für PRT-Operationen die Gebiete, in denen Mohn angebaut wird. Zudem erörterten wir Dauds Position gegen Drogen, wo sich legale und illegale Waffenlager befinden und die Einführung einer Waffenbesitzkarte.

DPP-Korrespondent Andri Spangenberg schreibt am 27. November 2003: Kunduz (dpp). „Mit „Vitamin B" läuft alles besser. Das gilt auch für Afghanistan, wo die Bundeswehr vor gut einem Monat mit ihrem ersten Einsatz außerhalb Kabuls begonnen hat. „Kontakte sind hier wichtiger als Patrouillen", heißt es daher beim Einsatzkontingent in Kunduz im Norden des Landes. So werden Einladungen zu einem afghanischen Festessen am Ende des Fastenmonats Ramadan in dieser Woche nicht ausgeschlagen. Denn Beziehungen zu knüpfen, das ist eine Art Lebensversicherung für die gegenwärtig 100 Soldaten in der Region". „Mit der Sicherheit ist es wie mit der Temperatur", sagt ein deutscher Militärpolizist, „Es gibt die gefühlte Sicherheit und die reale Sicherheit. Beide müssen nicht übereinstimmen". Daher nutzt die Bundeswehr alle Möglichkeiten, nicht nur mit den lokalen Behörden und Machthabern ins Gespräch zu kommen, sondern die offiziell gewonnenen Informationen quasi von dem Mann auf der Straße bestätigen zu lassen".

„Die Gelegenheit ist günstig für die Bundeswehr. Statt im kahlen und kalten Büro des Polizeichefs von Kunduz treffen die Offiziere Golam Mohamad Farhad in entspannter Runde. „Wir haben bereits 800 Polizisten. Doch verfügen wir nur über vier Fahrzeuge", erfahren die Deutschen aus erster Hand. Da scheint eine effektive Kontrolle der Stadt mit ihren geschätzten 100.000 Einwohnern kaum möglich. Dennoch sei schon eine Verkehrspolizei aufgebaut, berichtet Farhad stolz. Doch sei das Hauptproblem nicht der chaotische Verkehr, sondern die Diebstähle. Seit dem Neuaufbau im Frühjahr 2002 habe die Polizei Hunderte Diebe gefasst, von denen 150 vor Gericht auch verurteilt worden seien".

„Worüber der Polizeichef nicht spricht, ist das Problem des Drogenhandels. Kunduz liegt an einer der einschlägigen Haupthandelswege, das weiß auch die örtliche Polizei. Doch kann sie nicht zugreifen. „Der Handel ist fest in der Hand der Armee", heißt es bei den Afghanen hinter vorgehaltener Hand. Vor allem die Fahrzeuge der örtlichen Kommandeure seien die Drogentransporter schlechthin. Da sei es „nicht gesund", sie zu kontrollieren. Wie weit dieses Problem reicht, macht ein ehemaliger Armeeangehöriger deutlich: „Der größte Drogenschmuggler", so sagt er, „ist der Bruder des hiesigen Armeechefs General Daud".

29.11.2003

Befehl für die QRF „Loya Jirga" vom 01. 09.12.2003 mit der Zielrichtung, dass wir mit unseren Kräften (Führungselement, Feldjäger, Fallschirmjäger, BAT) die Sicherheits- und Vorsorgemaßnahmen der nationalen Sicherheitskräfte für die auf dem Gelände der Pädagogischen Hochschule stattfindende Veranstaltung der *Constitutional Loy Jirga (CLJ)* beobachten und, wenn notwendig, unterstützen, um so den reibungslosen Ablauf der CJL zu gewährleisten.

Am Nachmittag Übergabe von Spenden an das Krankenhaus, die Witwen- und Waisenstiftung sowie an die Pädagogische Hochschule.

An den Krankenhausdirektor wurden übergeben zwei gynäkologische Stühle, ein Operationstisch sowie anderes Kleingerät. Dazu gaben die Amerikaner überschüssiges Sanitätsmaterial. Was mich etwas enttäuscht hat, war der Zustand der gespendeten Gegenstände, weder sauber noch hundertprozentig ganz. Man mag zwar der Meinung sein, dass das für Afghanistan reichen würde, dem kann ich mich allerdings nicht anschließen.

Bei der Witwen- und Waisenstiftung übergaben wir Rollstühle, Gehhilfen, Krücken, Brillen und ein Hörgerät. Wie schon im Krankenhaus wurde das Prozedere mit einem Höflichkeitsaustausch eingeleitet. Danach die Übergabe. Bei der Übergabe der Rollstühle tauchte ein (wohl) Kriegsinvalide auf. Wir hatten Probleme, den ersten Rollstuhl zu entfalten; seltsam sah unser Gewürge schon aus. Schließlich nahmen wir den anderen Rollstuhl, und der versehrte Afghane setzte sich hinein und zeigt, dass sein linker Arm verletzt ist und dass er eigentlich selbständig den Rollstuhl nicht oder nur schwer bewegen kann. Zudem brach die am Rad angebrachte Griffleiste, die dann behelfsmäßig mit Klebeband gerichtet wurde. Dann kam ein Mann mit einem etwa 8-jährigen Buben auf dem Rücken zu uns. Die Jungs klappten einen, diesmal ganzen Rollstuhl auf, der Bub wurde reingesetzt. Er war etwas verkrüppelt und konnte nicht sprechen, außer mit seinen großen, braunen Augen. Als dann eine ganze Horde Kinder herbeikam, verteilten die Jungs von OpInfo Drachen; der Bub im Rollstuhl bekam einen in den Schoß gelegt, seine Augen leuchteten und er freute sich offensichtlich sehr. Das war nett anzuschauen.

Als wir uns vom Hof machten, sahen wir den Kriegsinvaliden seinen Rollstuhl nach Hause schieben und den kleinen Buben fröhlich im Rollstuhl sitzend vom Vater geschoben. Er hatte wohl die meiste Freude an diesem Tag.

Wir fuhren weiter zur Hochschule, dort beginnt übermorgen die Kandidatenerfassung für die CLJ. Die Studenten haben frei, an den Wänden kleben Plakate, die wohl für die Jirga werben. Austausch von Höflichkeiten mit dem Hochschuldirektor. Danach Übergabe einer optischen Ausstattung sowie anderer Gerätschaften für ein Physiklabor. Ich habe unsere Unterstützung beim Aufbau angeboten, nach der Loya Jirga wird das sicher notwendig sein. Danach noch ein Blick auf das halbfertige Gebäude, das von AGEF fertig gestellt wird.

Es war ein winziger Blick hinter die Kulissen. Hier könnte man schon mit kleinen Dingen helfen. So wünscht sich der Witwen- und Waisenverein die Möglichkeit der Ausbildung von Mädchen/Frauen zu Schneiderinnen und von Buben zu Tischlern. Ich bin der Meinung, dass man für 1000 Euro so Nähmaschinen bekommen kann; das wäre doch was.

30.11.2003

Heute Morgen um halb drei aufstehen; Abfahrt nach Kabul um vier Uhr. Absicht dort, OTL Steinbach zu treffen und hinsichtlich seiner Aufgaben als Verbindungsoffizier zu sprechen; wir wollen in die PX gehen, den deutschen Botschafter sehen sowie mit Vertretern des AFG Innen-, Außen- und Verteidigungsminister sprechen.

Die langfristige Wettervorhersage indiziert Wetterverschlechterung mit leichten Niederschlägen erst ab Montagnachmittag. Zurzeit stehen wir etwa eine Stunde vor der US-Basis Bagram, unserem ersten Anlaufpunkt. Salang-Pass und Tunnel sind frei, auch wenn noch nicht der ganze alte Schnee weggeräumt ist. Auf dem Weg zum Pass eine traumhafte Landschaft. ZEN Charakter. Gebirgsfluss (der Kunduz), große Kieselsteine, Steinmauern, auf dem ersten Blick ohne Sinn und Zweck, Terrassen, Baumreihen, Häuser wie Schwalbennester an den Berg geklebt, dazu apart arrangiert ein Solitärkiesel von ca. 10 Metern Durchmesser oder ein Fels, der die Hände geöffnet hält, fast so wie Steinbeißer aus der unendlichen Geschichte. Eine arrangierte Landschaft auf das Minimum reduziert und Akzente harmonisch in Einklang gesetzt. Keine Wildnis, sondern eine Kulturlandschaft. Man müsste sich auf einen großen Kiesel mitten im Fluss setzen, dem geschäftigen Plätschern lauschen, sich von der späten Herbstsonne etwas erwärmen lassen, den Fels spüren und die Natur riechen. Denken auf das Minimale reduzieren und als Mensch mit der Materie verschmelzen und nur noch fühlen.

Jetzt durchfahren wir die weitläufige Ebene vor Bagram und Kabul, eingesäumt von Bergen. Weite, die mich weniger fasziniert, wo es zudem auch noch sehr dunstig ist. An einigen Stellen hat man das Gefühl, die Straße wurde einfach weggetragen.

Mache mir Gedanken, wie der Themenkomplex „Drogen" argumentativ angegangen werden kann: Wie wir wissen, ist in Deutschland wie auch in Afghanistan Drogenbekämpfung eine Angelegenheit der Polizei, nicht des Militärs. Die Befähigung der AFG Polizei zur Drogenbekämpfung wird federführend von UK angeleitet; *Counter Drugs / Counter Narcotics* eines von fünf Programmen aus der SSR (Sicherheitssektor Reform). Deutschland ist im Rahmen der Polizeiausbildung beteiligt. Die Bundeswehr hat hierzu weder das Mandat noch die Ausbildung und Ausrüstung. Sie wird nicht wegschauen, sondern Erkenntnisse an die zuständigen Behörden zur weiteren Veranlassung melden. Maßnahmen zur Bekämpfung von Drogenanbau und Drogenschmuggel können einen Einfluss auf das sichere Umfeld haben. Darüber sind wir uns im Klaren

02.12.2003

Gestern Rückfahrt von Kabul, zuvor Gespräche mit afghanischen Regierungsvertretern; Notizen für meinen Bericht:

Am 30.11. und 01.12.2003 war ich mit dem Leiter des zivilen Anteils des PRT-Projekts, Herrn Stöckl-Stillfried, in Kabul. Wir hatten dort Gelegenheit, mit dem deutschen Botschafter in Kabul und dem CO-MISAF sowie mit den stellvertretenden Ministern des afghanischen Innen-, Außen- und Verteidigungsministeriums zu sprechen. Nachfolgend Anmerkungen zu den Gesprächen:

Der stellvertretende Innenminister, Herr Dshelal, ist ein Usbeke aus der Provinz Baghlan. Er lobt das Engagement der Deutschen außerordentlich und verweist auf die Sympathien der afghanischen Bevölkerung. Das Innenministerium würde derzeit mit deutscher Hilfe renoviert. Er beschreibt die Lage in den Nordostprovinzen als ruhig und führt dieses auf die verlässliche Person des General Daud in Kunduz zurück, der besonnen agieren würde, so wie er auch in der Zeit der Mujahideen wenig radikal gewesen wäre. Drogenanbau wäre die einzige Sorge, gegen die vorgegangen werden müsste. Eine Erhöhung des Lebensstandards würde bei der Bekämpfung helfen. Der Aufbau einer Nationalpolizei sei ebenso von Wichtigkeit, einhergehend mit einer entsprechenden Ausbildung. Meine Frage nach dem Polizeigeneral, der vom AFG Innenministerium dem US-PRT zugeordnet sei und der im PRT-Feldlager leben würde, beantwortete er, indem er den Namen dieses Polizeigenerals nannte, Ayyub, und ihn als einen erfahrenen und fähigen Mann bezeichnete, der beim Aufbau der Polizei gute Dienste leisten sollte.

Zu meiner Frage, wer für die Sicherheit am Flugplatz in Kunduz der Ansprechpartner sei, verwies er auf das Ministerium für Luftfahrtwesen; ein Kontaktmann würde nach Kunduz kommen, ebenso ein Vertreter der Grenzpolizei.

In die von uns erbetene Empfehlung zur Gestaltung unserer PRT-Arbeit in den Nordost-Provinzen verwob er den Hinweis auf die Komplexität der Region. So sei die Region gekennzeichnet durch eine Mischung aus Landwirtschaft und Industrie, es seien mehrere Ethnien vertreten und ebenso mehrere Konfessionen. Im Vergleich zum Rest Afghanistans, mit Ausnahme Herats, weise die Region einen sehr hohen Bildungsstand auf. Schließlich verwies er auf anstehende Personalveränderungen in einigen Provinzen auf den Positionen Gouverneur und Polizeichef, wo Unfähigkeit der Dienstposteninhaber offensichtlich geworden sei. Schon vor etwa zwei Wochen kursierte das Gerücht, wonach in der Provinz Kunduz die Auswechslung des Gouverneurs und des Polizeichefs zur Unterschrift auf dem Tisch des Staatspräsidenten liegen würde. Noch sind die Herren allerdings auf ihren Dienstposten. In der Provinz TAQHAR ist der Polizeichef bereits ausgewechselt. Zum Ende des Gesprächs trug er Grüße an General Daud in Kunduz auf.

Das Gespräch mit dem stellvertretenden Verteidigungsminister, Herrn Wardak, wurde unmittelbar in englischer Sprache geführt. Auch er verwies auf das hervorragende Engagement Deutschlands in Afghanistan. Wir sprachen den DDR-Prozess an, dessen Fortgang sich derzeit in der Registrierung der schweren Waffen darstellen würde. Die Information, wo in den Nordost-Provinzen die schweren Waffen nach erfolgter Registratur zentral gesammelt würden, und ob dies, wie von General Daud angeführt, nahe beim Flugplatz Kunduz wäre, hatte er nicht parat. Er veranlasste jedoch eine Antwort, die auf eine Liegenschaft des Generals Mir Alam, Kommandeur der 54. Division, im Norden von Kunduz verwies.

Er wob den Hinweis ein, dass General Daud hätte Verteidigungsminister werden sollen. Meinen Gedanken, die neu entstehende ANA in der Ausbildung, insbesondere der Führerausbildung zu unterstützen, stellte er unter den Vorbehalt einer übergreifenden Koordinierung, so dass gleiche Standards erreicht werden können. Im Fortgang des Gesprächs wurde angesprochen, dass Stärke und Ausrüstung der ANA wie vorgesehen nicht für die Landesverteidigung ausreichen, weshalb Milizen mit eingebracht werden müssten. Die Frage, ob dann neben der ANA auch Milizen existieren würden, bejahte er. Wie sich die Loyalität der Milizen zur Zentralregierung darstellen würde, wurde mit dem Hinweis auf das traditionelle Kommandeurssystem der Milizen beantwortet. Die Milizen würden jedoch, einhergehend mit dem Aufbau der ANA, in der Stärke rückgebaut werden. Meine Frage, ob denn das Militär eine Aufgabe in der Drogenbekämpfung hätte, bejahte er. Er verwies darauf, dass die bei der Polizei nicht vorhandenen Kapazitäten durch das

Militär aufgefangen würden. Falls es Probleme in der Region geben sollte, wäre er direkt oder über die Botschaft anzusprechen.

Das Gespräch mit dem stellvertretenden Außenminister, Herrn Dsherzoi, wurde durch Herrn Stöckl-Stillfried in englischer Sprache geführt. Aus meiner Sicht ist festzuhalten, dass vom stellvertretenden Außenminister nachfolgende Infrastrukturmaßnahmen für den Einfluss der Zentralregierung in die Provinzen als maßgeblich bezeichnet wurden: Stadtverwaltungen, Grenzpolizei, Gesundheit und Bildung. Der stellvertretende Außenminister ging noch detailliert auf den anstehenden Verfassungskonvent ein, weil er Mitglied der verfassungsgebenden Versammlung sei. Zum Schluss bat er, seine Grüße an General Daud zu übermitteln.

Zusammenfassend stelle ich fest, die Gespräche waren doch recht substanziell. Es verstärkt sich der Eindruck, dass General Daud aus Kabul heraus als ein Garant der Sicherheit in den Nordost-Provinzen betrachtet wird. Mehr noch, General Daud scheint, neben seiner Ordnungsfunktion im militärischen, auch im politischen Bereich, vergleichbar einem "Übergouverneur", von Kabul gestützt zu werden. Das kennzeichnet ihn als COG (*center of gravity*) des Einflusses der Zentralregierung in den Nordost-Provinzen und macht ihn deshalb zum Hauptansprechpartner für uns.

General Daud kann aber weder frei agieren, noch sind seine formelle militärische Position und seine informelle politische Position unumstritten. Er ist Teil eines sehr komplexen Gleichgewichts in der Region und über die Region hinaus. Dieses gilt es, bei unserem Vorgehen zu berücksichtigen. Es drängt sich zudem der Eindruck auf, dass die Offiziellen mit Inhalten und Tempo des Übergangsprozesses doch recht gefordert sind und auch mit weniger Sichtbarem schon zufrieden wären.

03.12.2003

Heute mal ein ruhiger Tag, Zeit, um geistig aufzuräumen und Briefe zu schreiben. Überlegungen zur Arbeitsgliederung Stab und Einsatzkräfte, solange sich die Truppe im derzeitig genutzten Feldlager ist. Dies soll auch der Anhalt für die Vorbereitung der Folgekontingente sein.

Das PRT-Feldlager nimmt langsam, aber stetig die Gestalt eines deutschen Feldlagers an. Der Ausbau könnte, bei vorhandener Arbeitskapazität, zügiger voranschreiten, wenn das bereits abgerufene Material, insbesondere für das RZ, zulaufen würde. Mein Ziel ist es, zügig das RZ aufzubauen. Ebenso würde ich den Zulauf weiterer Euro-leicht-Unterkunftscontainer sehr begrüßen, damit das abgerufene und im Zulauf befindliche Personal untergebracht werden kann.

Die „Infrastruktur" für die deutsche Küchenkapazität steht, kann allerdings nicht betrieben werden, weil das Feldküchenpersonal fehlt. Noch nutzt ein Feldküchenunteroffizier unsere „Gulaschkanone" für die Zubereitung von Kaffee und Tee. Zu mehr sind wir noch nicht in der Lage; deshalb hängen wir, wie bisher, an der US-Verpflegung. Der volle Betrieb unserer Küche würde die zwischenzeitlich doch recht eingeschränkte Verpflegungszubereitungskapazität der US-Streitkräfte nicht nur wohltuend kompensieren, sondern ist vor dem Hintergrund der rasch wachsenden Verpflegungsstärke zwingend erforderlich. Es zeigt sich als ein generelles Problem, dass das auf die SBL gesetzte Personal aufgrund fehlender Voraussetzungen, wie z.B. Impfstatus, nicht nach Bedarf vor Ort abgerufen und zugeführt werden kann.

Ebenso liegt mir am Herzen, die Zertifizierung (US-combat ready) für unseren Fliegerleitoffizier (forward air controller FAC) zu erhalten, weil damit die US-Spezialkräfte, die für uns diese Aufgabe wahrnehmen, aus dem Camp verlegt werden können und somit weitere Unterbringungskapazität gewonnen werden kann. Hierzu habe ich sowohl dem Leiter US-PRT wie auch den deutschen Verbindungsoffizier bei CJTF 180 um Unterstützung gebeten.

Das PRT kommt mir vor wie ein Schusser zwischen drei Schleifwerken: CJTF 180, ISAF und Deutscher Botschaft; mal sehen, ob das PRT rund wird.

Zur Flugplatzsicherheit und dem Räumen der dort verlegten Minen muss General Daud sein Einverständnis geben, sonst kann die NGO HALO Trust keine minenräum Aktivitäten durchführen. Ich muss klären, welche Rolle wir im DDR-Prozess spielen und welche Rolle wir bei den Wahlen einnehmen.

04.12.2003

Für die Ausarbeitung der weiteren Operationsführung, u.a. dem Einsatz von LMT, erteile ich der Schutzkompanie den Auftrag, den uns zugewiesenen Einsatzraum zu erkunden, um die Bedingungen für die Bewegung und Wirkmöglichkeiten unserer Kräfte sowie deren Unterstützung durch weitere Waffensysteme wie beispielsweise Hubschrauber sowie Sanitätskräfte zu ermitteln. Dabei sind auch die Dislozierung und Lage der afghanischen Sicherheitsorgane (Polizei und Militär) sowie deren Wirkungsmöglichkeiten durch aktive Verbindungsaufnahme festzustellen.

Die verfügbaren Kräfte sind so einzusetzen, dass weiterhin die Sicherung und der Betrieb des Flughafens Kunduz sichergestellt und Kräfte für eine *quick reaction force* (QRF) bereitgehalten werden. Die Erkundung beginnt nach Zulauf und Einweisung weiterer Teile der Schutzkompanie und Freisetzung des Fallschirmspezialzugs von der Sicherung des Flugplatzes. Die Erkundungskräfte kehren nachts immer in das Feldlager zurück. Verlassen Feldlager nicht vor 0500 Uhr, Rückkehr nicht nach 2400 Uhr. Das spiegelt unsere aktuellen Reichweiten wider und deckt den wesentlichen Teil unseres Einsatzgebietes ab. Die Truppe geht mit dem Beweglichen Arzttrupp (BAT) auf Erkundung; eine MEDEVAC Befähigung haben wir noch nicht. Wir gehen also mit unserem Erkundungseinsatz ein gewisses Risiko ein, was die Einhaltung der „*golden hour*" im Falle eines schweren Unfalls angeht.

Die Umbauarbeiten im Feldlager sind schon gewaltig. Ich habe zwar immer noch das Gefühl, dass es schneller gehen sollte, aber die Männer tun ihr Bestes. Es liegt auch an der verzögerten Bereitstellung des Materials. Das Wetter spielt einen Streich in Verbindung mit den Vorgaben des Generals Flugsicherheit. Geforderte Sichtweite für Landeanflug sind fünf km. Bei den derzeitigen Wetterlagen ist das in der Regel nicht gegeben, so dass die Flieger umdrehen. Die angemieteten Frachtflugzeuge, wie auch die UN-Flieger, scheren sich da wenig drum. Jedenfalls sind wir mit den Materialzugängen hinten an.

Jetzt sieht es nach Regen aus. Im Lager wuselt es an allen Ecken und Enden. In Karnabad soll es gestern und vorgestern Nacht drei Explosionen gegeben haben. Schicke die Ermittler der MP zur dortigen

Polizei, um sich umzuhören, Unterstützung anzubieten und zu ermitteln, ob es Maßnahmen für die *check points* braucht.

Die Straßen- und Brückenbaumaßnahmen auf der Zufahrt zum Lager werden von uns veranlasst. Es ist nicht gut, durch mit Wasser gefüllte Schlaglöcher zu fahren, weder für uns noch für die Bauern, die ihre Ernte zum Markt bringen. Man weiß nie, was sich unter dem Wasser befindet. Auch die Verstärkung der Tragkraft von Brücken dient dem Bauern auf dem Weg zum Markt, wie auch unseren Kräften in Bewegung. Das ist auch der Sinn von QIP bzw. originalen CIMIC-Maßnahmen. Das ist gut so. Ich beauftrage den Infrastruktur-Stabsoffizier, OTL Hacker, eine zweite Zufahrt zum Lager ins Auge zu fassen und auch diese Zufahrt in einen brauchbaren Zustand zu versetzen.

Ich bin heilfroh, die Luftlandepioniere zu haben und sage zu, dass sie nicht vor Ende Januar 2004 rausgehen. Das ergibt ihnen einen gesicherten Zeitraum, um ihre sehr wertvolle Arbeit an der Feldlagerinfrastruktur abzuschließen.

05.12. 2003

Beantrage für den Leiter US-PRT, LtCol Fred Tawes, das Ehrenkreuz der Bundeswehr in Silber. Zur Begründung:

Er hatte den Auftrag, mit unserem Eintreffen Ende Oktober 2003 das deutsche Kontingent in der US-Liegenschaft aufzunehmen und zu verpflegen. Selbst als im Verlaufe der folgenden Wochen das deutsche Kontingent das Vierfache der Stärke des US-amerikanischen Kontingents überschritt und durch massive deutsche Infrastrukturmaßnahmen die kleine US-Liegenschaft auf den Kopf gestellt wurde, ließen Intensität und Aufmerksamkeit seiner Hilfsbereitschaft sowie sein Verständnis für die aus dem Auftrag des deutschen Kontingents resultierenden Notwendigkeiten nicht nach.

Probleme adressierte er stets freundlich, verbunden mit aus profunder Erfahrung genährtem guten Rat. Er trug so immer zu einer einvernehmlichen Lösung bei. Er führte nie Klage gegenüber Dritten, sondern unterstrich bei jeder Gelegenheit die gute Zusammenarbeit zwischen den Truppen beider Nationen. Sein vorbildlich kameradschaftliches Verhalten wurde durch seine Soldaten mitgetragen, die ebenso herzlich wie kameradschaftlich den deutschen Soldaten begegneten.

LtCol Tawes hat durch seine verständige Hilfsbereitschaft und Kameradschaft das Aufwachsen des Kontingents bis zum Herstellen der Einsatzbereitschaft maßgeblich und erfolgreich unterstützt. Er hat sich damit um das deutsche Einsatzkontingent verdient gemacht und soll hierfür ausgezeichnet zu werden.

Ich habe Gesprächsbedarf mit General Daud zur Flugplatzsicherheit u.a. zum Verbleib von drei defekten Fahrzeugen, der Einzäunung und zum Minenräumen.

06.12.2003

Gespräch mit General Dauds Stellvertreter, General Gülestan, zur Flughafensicherheit. Er versichert die Inangriffnahme der angesprochenen Sachverhalte und übergibt eine handgezeichnete Karte des Flughafens Kunduz; eine rasche Lösung wird es wohl nicht geben.

Eigentlich haben wir heute wieder so eine Phase, wo viele Dinge nicht laufen. Zumindest habe ich diesen Eindruck gewonnen. Der große afghanische Kran hat den Geist aufgegeben. Der OP-Container des Rettungszentrums war mit seinen ca. zehn Tonnen Gewicht wohl zu schwer für die Hydraulik. Allerdings scheint der Kranführer mit seinen afghanischen Unterstützern sehr zuversichtlich, das Hydraulikproblem beheben und weiter arbeiten zu können. Heute stehen nun ein weiterer Sanitätscontainer und ein Aggregat auf dem Lkw und warten auf Abladen; draußen sollen noch mehr stehen.

Das Einsatzführungskommando möchte mich am Montag sprechen in Angelegenheiten des von Lieutenant General David Barno, Combined Forces Command AFG und damit Vorgesetzter der CJTF 180, beabsichtigten Stopps des Weiteren personellen Aufbaus des PRT. Dieser hatte wohl während des letzten Besuchs durch Befehlshaber Einsatzführungskommando von einer maximalen Anzahl von 120 gesprochen – geht nicht, sind schon mehr. Ich denke, dass ich die Sanis nicht einrechnen sollte, weil die nicht nach außen hin auftreten. Wenn es allerdings um die Verpflegungsstärken geht, dann wäre es doch gut, wenn mal so langsam die Feldküche betrieben werden könnte. Dann wäre ich in der Lage, die Amerikaner mit zu verpflegen. Deren Leistungsgrenze ist schon erreicht.

Auch das AA hat einige befremdliche Vorstellungen, wonach das deutsche Einsatzkontingent die Schutzkomponente für den zivilen Anteil des PRT sei. Das entspricht nicht unserem Auftrag, der sich auf das Umfeld und nicht auf Personen bezieht.

Gestern erhielt ich zudem einen Befehl für die Operative Informationsarbeit (OpInfo) des PRT; mit dem bin ich in keiner Weise einverstanden. Es kann nicht angehen, dass das Element Operative Information, welches die PRT Operation unterstützen soll einen Befehl erstellt, der losgelöst vom Operationsbefehl des PRT erarbeitet wurde. Meine Operationsführung muss der Ausgangspunkt für alle unterstützenden Informationsoperationen sein; bisher habe ich jedoch noch keine Rückäußerung zu meinem Operativen Konzept (CONOPS) erhalten, deshalb habe ich auch noch keinen vom Ensatzführungskommando gebilligten OPLAN und keinen Operationsbefehl. Ich bringe das Thema erneut beim Einsatzführungskommando vor.

Ab sofort tritt nach Aufruf ein kleiner Führungskreis PRT Operationen zusammen; dabei COS, LSO, Chef SchutzKp, OpInfo, PM, EOD, AA, LKB (Tappe) zu den Themen Erkundung und Operationsführung. Meine Gedanken zur Operationsführung und dem Einsatz der Kräfte sind zu verinnerlichen:

1. Verbindung zu Schlüsselpersonen (Entscheidungsträger: Gouverneure, Polizeichefs) in den vier Provinzen durch Kdr, LKB, COS, PM;

2. Verbindung zu Meinungsbildnern und deren Vertreter (religiöse Führer, Polizei) im Raum Kunduz durch LKB, G3, KpChef SchutzKp, S5, OpInfo;

3. Verbindungs- und Beobachtungsteams auf lokaler Ebene (im Raum Kunduz) zu afghanischen Sicherheitsorganen und zu GOs/NGOs durch FschJg, MP, HUMINT, OpInfo; Bewegung mit mindestens drei Fahrzeugen;

4. Erkunden in den vier Provinzen durch FschSpezZg, MP, EOD, E-loka; Bewegung mit mindestens drei Fahrzeugen;

5. Sicherheit und Betrieb Flugplatz Kunduz durch FschJg;

6. QRF durch FschJg, MP;
7. Sicherung Camp durch FschJg;
8. InfoOps im Raum Kunduz.

So, der Kran läuft wieder, mal sehen, was er aushält.

Beabsichtige, mich am 13./14.12. 2003 nach Badakhshan zu begeben und Verbindung mit den dortigen politischen und militärischen Entscheidungsträgern aufzunehmen.

Heute Abend noch Videotelekonferenz (VTC) mit Fallschirmjägerbataillon 313. Ich soll ein paar Grußworte sprechen. Was soll ich sagen?

Viele liebe Grüße aus Kunduz. Ich versichere Ihnen, dass es Ihren Männern gut geht. Wir haben im Camp schon sehr brauchbare Lebensbedingungen. Dazu gehören Duschen, Toiletten, Waschbecken, ein Postamt, ein Marketenderwarenladen, einen Obstgarten, Rosen-sträucher, ein Volleyballfeld, ein leerer Swimmingpool, einen Hund, mindestens zwei Katzen und viele Gerüchte. Küche, Container, Häuser, Hütten und Zelte.

Ohne die hervorragende Arbeit Ihrer Männer stünden wir nicht so gut da…Männer sind großartig… fast wie zuhause, was uns fehlt sind Sie, meine Damen…. Unsere amerikanischen Freunde sind uns geduldige und freundliche Gastgeber. Die Menschen in Kunduz und Umgebung haben uns sehr freundlich aufgenommen…. es sieht auch alles sehr biblisch hier aus…. Die Lage ist ruhig und wir werden alles tun, damit es auch so bleibt. Ihnen allen frohe Festtage. Ich passe auf Ihre Männer auf. Glück ab!

Um 1600 kommt der Nikolaus. Ich bin schon gespannt, wie OStFw Venzl das macht.

07.12.2003

OStFw Venzl hat das gut gemacht. Hoch auf dem Kamel sitzend hat er gute Verse für die Männer rezitiert. TVB Mauritz war furchterregend als Krampus mit dem Esel. Ich denke, die ganze Show ist gut angekommen, ebenso der Glühwein danach. Der war allerdings „olala", wohl auch deshalb, weil wir nichts gewohnt sind.

Um 20.30 Uhr war dann die VTC mit FschJgBtl 313, der Beginn – ich habe drei Sätze gesagt mit Turban auf dem Kopf und mit allen Männern hinter mir versammelt – war soweit ganz gut. Es trat aber das ein, was ich befürchtet habe, nämlich die Männer und Frauen wissen nicht, was zu sagen wäre und man stammelt nur Schwachsinn. Ist bei dem Einen oder Anderen sicher aufs Gemüt gegangen.

Übrigens, gestern meldete sich auch der Truppenpsychologe (Oberst Schuh). Er kündigte seinen Besuch für Dienstag an und verwies auf einen ihm gegenübersitzenden Oberleutnant Walter, der in meiner SBL als Stabsoffizier für Besucherdienst geführt wird und der deshalb auf seinen Abruf warten würde. Ich sage dem Oberleutnant, dass er das Schicksal, nicht abgerufen zu werden, mit etwa 110 Männern teilen würde. Die Aufnahmekapazität des Feldlagers sei begrenzt und fordere, beim Abrufen des Schlüsselpersonals zu priorisieren; Besucherdienst sei nicht unsere höchste Priorität. So entscheide ich erst Weihnachten, wen ich im Januar 04 nachziehen werde. Da er Wehrübender ist und Ende Januar nach Hause geht, zudem sich uneingeschränkt für alle möglichen Tätigkeiten angeboten hat, werde ich ihn wohl holen.

Heute ist Sonntag, es kommt kein Flieger, also Arbeit im Camp. Wenn ich mich so umschaue, stelle ich fest, dass wir ganz schön protzen. Container hier und dort, nur das Beste vom Besten. Die US-Amerikaner, die sehr glücklich in ihrer provisorischen Behausung waren, schütteln den Kopf vor Bewunderung, aber auch Verwunderung ob unserer nachhaltigen Leistungsfähigkeit auf den Punkt konzentriert. Was uns aber fehlt ist, diese Leistungsfähigkeit vom Anbeginn an sichtbar „draußen" nachzuweisen. Wie lange brauchen wir, um Truppe wohin zu bringen, politisch und praktisch (Transport)? Wieso demonstrieren wir den Amerikanern im Feldlager unsere Perfektion? Um ihnen im Nachhinein zu zeigen, dass wir es besser können, dabei aber auch mehr Männer brauchen? Wir schützen uns hier erstmal selbst. Wenn wir nicht hier wären, müssten wir uns nicht schützen. Deshalb muss ich eine entsprechende Balance finden zwischen Kräften für Eigenschutz und Kräften für Operationen in der Region. Glaube ich auch gefunden zu haben. Mein Ansatz ist in der Maschine.

Die Hälfte der mir zugebilligten Zeit in Kunduz ist fast vorüber. Bisher bereue ich noch nicht, hierher gegangen zu sein. Es ist eine interessante Aufgabe. Ich fühle mich wohl, auch wenn ab und zu der Frust über mich hereinbricht. Aber das vergeht immer wieder. Eine Nacht drüber schlafen…Heute war es bislang trübe, jetzt kommt die Sonne durch. Die Temperaturen sind untertags doch noch recht angenehm.

Glücksritter, lauter kaputte Typen, heimatlos, entwurzelt, einfach seltsam, so möchte ich nicht werden, oder bin ich schon so? Das fällt mir ein im Nachklatsch zum Abendessen bei Herrn Salis, Entwicklungshilfe-Unternehmen AGEF, zu dem Herr Stöckl-Stillfried und ich eingeladen waren. Das Essen war brauchbar. Mit anwesend waren zudem der afghanische Nachfolger bzw. Projektmanager des Herrn Salis sowie der Neffe des Ismailiten Nasry aus Baghlan. Interessant war, was er so erzählt von seinem Onkel und dessen Taten. Dazu später.

Wichtig ist, dass ich bei allem Abenteuerdrang nicht so werden darf wie ein Salis. Der hat wohl keine Heimat.

08.12.2003

Heute Nacht hat es kurz und sehr kräftig gewittert, gefolgt von Hagel. Seither regnet es. Vor der Gewitterentladung bin ich aufgewacht, weil es mir unangenehm warm war. So nahm ich die Füße aus dem Überschlafsack und öffnete das Unterteil. War eine eigenartige Stimmung, und als ich dann wach lag, kam der erste Schlag. Jetzt plätschert es so vor sich hin. Ich sitze vor der ersten Tasse Kaffee. OStFw Venzl zieht sich gerade an.

Heute Gespräch mit General Daud zur Flughafensicherheit, den allseits bekannten Themen: 1) *Demining*: brauche seine Befürwortung eines nochmaligen Minenräumungsauftrages, 2) Fahrzeuge: Was tun mit den Lkw (Fahrbahnenteisung, etc.) auf der Abstellfläche, abschleppen, instandsetzen? 3) Verlegen Bandstacheldraht und 4) AFG Sicherheitsplan?

Ich beginne mit den Feststellungen des LfzWa/MunTOffz EOD/IEDD zur UXO Lage am Flugplatz, die in einer kürzlich übergebenen Karte eingetragen sind. Da die Firma HALO Trust nach eigener Aussage die Minenräumarbeit am Flugplatz abgeschlossen hätte, würde ein Schreiben des Kommandeurs der deutschen Einsatzkräfte nicht ausreichen, um die Minenräumarbeiten wieder aufzunehmen. Es bedürfte eines Schreibens des Flugplatzkommandanten, so dass ich

General Daud bitte, dieses Schreiben zu veranlassen, was er zusagte. Desweiteren frage ich, was er denke, das mit den drei schadhaften Nutzfahrzeugen am Flugfeld (Tank-, Generator- und Enteisungsfahrzeug) geschehen solle. Er meinte, ein Betrag von ca. $2000 würde ausreichen, um die Fahrzeuge betriebsbereit machen zu lassen. Ich verweise auf eine vorherige Prüfung durch einen Sachverständigen. Schließlich kündige ich an, dass wir in Kürze mit der Absperrung des Flugfeldes mittels S-Draht-Rollen beginnen würden, was er mit dem Hinweis, dass es nur einen Zugang zum Flugfeld geben solle, begrüßte.

Obwohl General Daud bereits Eingangs seine Zufriedenheit über den Verlauf der Kandidatenermittlung für die CLJ zum Ausdruck brachte, griff er erneut dieses Thema auf und erläuterte aus seiner Sicht die Ereignisse mit Erscheinen des Ismaelitenführers Sayyed Mansur Naderi. Mit dessen Auftauchen auf dem Gelände wären seine Anhänger massiver vorgegangen, was auch zu Handgreiflichkeiten geführt hätte. Nach Einschalten UNAMA hätte man per Akklamation die Gefolgschaft für Naderi abgefragt, die diesem durch die anwesende Mehrheit sichtbar verweigert wurde, worauf er seine Kandidatur zurückzog. Die Anhänger wären versucht gewesen, dieses nicht tatenlos hinzunehmen. Das sich daraus ergebende Handgemenge konnte durch das besonnene Eingreifen der Polizei unter Kontrolle gebracht werden. Hierbei erwähnte General Daud lobend unseren Beitrag zur Beruhigung und Stabilisierung der Lage. Auf die Frage, wie sich nun die Unzufriedenheit des Naderi und seiner Anhänger äußern könne, meinte er, sie hätten keine Kapazität, um Schaden anzurichten.

Er verwies sodann auf den Neffen dieses Mannes, Naderi Sayyed Dawood, der geschäftlich in Kunduz tätig sei. Ich bestätigte, diesen am Vorabend anlässlich eines Abendessens bei Herrn Salis, AGEF, getroffen zu haben. Er hätte seine Version der Geschichte erzählt, die in etwa seiner, General Dauds, Darstellung entsprechen würde. Ich werde allerdings auch immer einen Schritt zurücktreten, um einen klareren Blick auf „afghanische Geschichten" und deren Wahrheitsgehalt werfen zu können.

General Daud meinte, er würde sich freuen, wenn ich am nächsten Tag zu zwei Sicherheitsgesprächen kommen könne, was ich zusagte.

Im Vergleich zu den bisherigen Gesprächen mit General Daud ein gelöster Umgangston, spannungsfrei und mit guter Substanz. Unsere Verbindungsarbeit trägt offensichtlich Früchte.

Im Rahmen einer VTC kündigt der Befehlshaber Einsatzführungskommando seinen Besuch vom 23.–25.12. 2003 an. Desweiteren führt er aus, dass mein CONOPS kontrovers diskutiert würde, insbesondere hinsichtlich der Reichweiten für Operationen, diktiert durch die verfügbaren Sanitätskräfte und deren Fähigkeiten. So sollten wir uns nicht weiter als eine Fahrstunde vom Feldlager wegbewegen. Ich erläutere, dass allein schon der bisher vorgesehene Evakuierungsweg nach Norden zur tajikischen Grenze ca. zwei Stunden Fahrzeit braucht. Dementsprechend sollte ein ca. zwei Stunden Fahrradius für unsere Operationen zugrunde gelegt werden. Das würde uns im Osten nach Taloqan und im Süden nach Baghlan führen, nach Westen sind die Straßen nicht minenfrei. Ich führe an, dass ich nur die Billigung des CONOPS bräuchte, den Operationsbefehl würde ich selbst schreiben. Ich ergänze, dass ich zudem keine Befehle durch nachgeordnete Stabsabteilungen (z.B. OpInfo, CIMIC) brauche, solange diese nicht auf meine Operationsführung aufbauen und mit dieser abgestimmt sind.

In einem Telefongespräch mit Graf Strachwitz, Adjutant zum DCOMISAF, wird mir gesteckt, dass auf Seiten ISAF/US kein Interesse an einem personell stärkerem PRT vorhanden sei; das UK PRT wird immer als Beispiel angeführt – aber, wenn wir uns auf die Fahnen geschrieben haben, das deutsche PRT Modell als Pilotprojekt laufen zu lassen, warum dann die Briten als Maßstab? Haben eine andere Philosophie, insbesondere hinsichtlich der sanitätsdienstlichen Versorgung.

Manchmal überfällt mich der Frust, insbesondere wenn deutlich wird, dass Dinge außerhalb des eigenen Wirkungsbereiches liegen oder Dinge über den eigenen Kopf hinweg diskutiert, in Frage gestellt oder entschieden werden, ohne den Betroffenen zu hören.

Nachmittags (14 Uhr) Gespräch mit einem General Daud, namensgleich mit dem Kommandeur VI. Korps, aber nicht verwandt. Dieser gibt an, für den DDR-Prozess in den Nordostprovinzen zuständig zu sein. Er hat seinen Stab für die Provinz Kunduz vorgestellt (Stärke ca. 18 Mann) und in das Gespräch mit eingebunden. Er hat insgesamt 74 Mann und elf Kraftfahrer aufgeteilt auf die vier Provinzen. Ich stellte das PRT-Projekt kurz vor und äußerte, obwohl keine Verantwortung tragend, mein Interesse am Fortgang des DDR-Prozesses. Er stellte den Prozess und seine Rolle darin kurz vor; diese Darstellung litt etwas unter der nicht zufriedenstellenden Übersetzerleistung. Es gab keine Information, die ich nicht kannte; manches war wirr und bedurfte des Hinterfragens. Davon habe ich bei diesem ersten Besuch Abstand genommen, insbesondere da wir uns zum Ende des Gesprächs auf ein wöchentliches Routinetreffen geeinigt hatten.

General Daud bat darum, seine Probleme artikulieren zu dürfen. So hätte sein Stab keine brauchbaren, insbesondere Winteruniformen, winterfeste Unterkünfte, keine Feldbetten, keine Fernmeldemittel. Ich sagte Prüfung zu durch ein Team und dachte dabei an ein QIP zum Winterfestmachen der Quartiere, Büros und ggf. Ausstattung mit Feldbetten, Decken, Kissen, Heizung. Er meinte, die Unterstützung wäre sehr bald erforderlich.

Ein guter Anfang; verwunderlich, dass ein an der russischen Militärakademie Frunze ausgebildeter Offizier den Auftrag für die DDR-Durchführung hat. Weitere Einzelheiten zu DDR in den Nordostprovinzen werden im Verlauf der Routinegespräche erfahren werden können.

Abends dann Essen beim Verwalter des Grundstücks, auf dem sich unser Feldlager befindet, dabei der Eigentümer, von unserer Seite Major Dietrich, OTL Hacker und Übersetzer. Essen war gut.

09.12.2003

Es ist vier Uhr morgens. Ich kann nicht schlafen. DSO will und soll ja künftig nicht mehr gebunden sein, deshalb müssen die Fähigkeiten und damit die Einsatzkräfte auf eine „normale" Division zugeschnitten werden. Dazu Kräfteansatz überprüfen. Wer macht künftig FAC/TACP? Wer übernimmt die Sicherung und den Betrieb des Flughafens? Den Fallschirmspezialzug, der das bisher macht, gibt es nur in den Luftlandebrigaden. Mit Blick auf den weiteren Betrieb ist er rechtzeitig herauszulösen und das erforderliche Fähigkeitsprofil für die vorbereitende Ausbildung der nachfolgenden Truppe zu definieren. Thema für die nächste Truppensteller Konferenz.

Rufe Graf Strachwitz für General Gliemeroth an und differenziere für Personalstärken zwischen Personal zum Aufbau/Neubau des Feldlagers (z.B. Infra und Teile Verwaltung), zum Betrieb des Feldlagers (Teile Verwaltung, Küche, Rettungszentrum) und den Kräften, die für Operationen eingesetzt werden.

Nachfolgende Information an DSO in Vorbereitung Truppensteller-Konferenz:

- Info an LLBrig31, dass nicht alle Kräfte, die benannt wurden, auch nach Kunduz gehen;
- Überarbeitung SBL zwingend erforderlich, Entfernen der DSO spezifischen Funktionen;
- Je kleiner das Kontingent, desto höher die Qualitätsanforderungen an den Einzelnen; bitte hierbei um Unterstützung,
- Wie kann Kontingentwechsel durchgeführt werden? Zuerst Stab, dann Truppe? Zuerst Truppe, dann Stab oder 50:50? Nicht nur 13. Division, auch Territoriale Wehrverwaltung, Streitkräftebasis (SKB) und Streitkräfte-Unterstützungskommando (SKUKdo);
- Nach Übergabe Sicherungsaufgaben am Flugplatz. Die Erkundungsaufgaben durch den Fallschirmspezialzug sind bis Ende Januar abzuschließen, dann Rückverlegung. Dazu Übergabe der Funktion Fliegerleitoffizier (FAC) an den Fliegerleittrupp (TACP);
- Vorerst kein HUMINT, wegen fehlender Qualität der einheimischen Übersetzer, dadurch kein über das normale Maß hinausgehendes Informationsaufkommen AMK; macht Eloka bei Bedarf aus Kabul.

09.12.2003

Ich war von General Daud zur zweiten Sicherheitskonferenz für die Provinz Kunduz eingeladen. Anwesend waren alle Distriktmanager und Polizeioffiziere aus den Distrikten und Unterdistrikten, ca. 80 Personen. Die Veranstaltung leitete General Daud. Neben sich, auf einem Podium, hatte er den Gouverneur und Polizeichef der Provinz Kunduz, seinen Geheimdienstchef und noch einige andere Herren, die mir vom Sehen bekannt waren. Ich bekam den Platz neben dem Polizeichef zugeteilt.

Daud eröffnet mit dem Hinweis, dass nicht alles auf Taliban und Al-Qaida geschoben werden sollte. Die dann folgende Veranstaltung entsprach mehr einer Befragung der Nachgeordneten, die einzeln aufgerufen, peinlich genau die Auffälligkeiten im jeweiligen Verantwortungsbereich auflisteten, um sodann Auskunft zu den Maßnahmen zu geben, die sie getroffen hatten; eigentlich das sowjetische System der „Selbstkritik". Mit harscher Kritik an den Offizieren wurde nicht zurückgehalten.

Nach dieser allgemeinen Befragung erfolgten Reden durch den Geheimdienstchef, den Polizeichef, dem Gouverneur und schließlich General Daud. In allen Reden wurde das allgemeine Interesse an einem sicheren Umfeld betont, dass Wachsamkeit gefordert sei, dass es um das Dienen an der Bevölkerung gehe und nicht um das Ausüben von Macht. So sollten für dienstliche Zwecke keine Privatfahrzeuge mehr konfisziert werden. Die Gefahren, die von Taliban und Al-Qaida ausgehen, wurden ausdrücklich betont; das Bekenntnis zu Zentralregierung in Kabul abgegeben. Es wurde mehrfach darauf hingewiesen, dass wer sich nicht in der Lage sehen würde, diesen Anforderungen zu genügen, der solle abdanken und anderen Platz machen. Die Gültigkeit des Sharia-Rechts wurde von General Daud besonders herausgestellt. Er forderte die Polizei zudem auf, den Dienst sehr korrekt auszuüben, insbesondere bei Verhaftungen und Durchsuchungen müsse nach Vorschrift vorgegangen werden. Auch müsse den waffentragenden, ehemaligen Milizionären Einhalt geboten werden. Klagen über marodierende Milizionäre, die über keine Anstellung verfügten, waren von mehreren Polizeioffizieren geführt worden. Die Veranstaltung endete mit einem Gebet.

Zwar dachte ich zu Beginn der Veranstaltung mehr an ein Bauerntheater, doch verging dieser Eindruck im Verlaufe der folgenden zwei Stunden. General Daud war der anerkannte Führer dieser Veranstaltung; seiner Rede wurde mit großer Aufmerksamkeit gefolgt. Er verwob sehr stark religiöse Elemente in seine Ausführungen. Es scheint echtes Interesse zu bestehen, das Umfeld sicher zu halten und dieses auch nach außen hin sichtbar zu machen. Dazu würden auch einheitliche Uniformen für die Polizei gehören, ohne militärischen Tarndruck.

Ich bin mir noch nicht sicher, ob die Einladung zu dieser Konferenz als einziger ausländischer Teilnehmer eine Auszeichnung darstellt oder nicht. In jedem Falle war es eine Chance für die weitere Verdichtung unseres Netzwerkes. Zum nachfolgenden Mittagessen mit einer ausgewählten Schar von ‚Würdenträgern' war ich jedenfalls eingeladen und am Kopfende bei General Daud platziert.

An der nachfolgenden monatlichen Sicherheitskonferenz für die gesamte Region, ebenso unter der Leitung General Dauds und unter Teilnahme der UNAMA, des Leiters US-PRT, der Polizeichefs, der Chefs der Nachrichtendienste, der Militärkommandanten sowie der Gouverneure aus der Provinz Kunduz und Baghlan nahm ich nur am Anfang teil. Hierbei handelte es sich tatsächlich um eine Muppet-Show für UNAMA - trugen doch die Herren, die ich hören konnte, Sachverhalte vor, die allseits bekannt waren oder ergossen sich in Allgemeinplätzen und Bekenntnissen zum Informationsaustausch und zur Kooperation. Dabei wurde alles auf Taliban und Al-Qaida geschoben. An der gesamten Konferenz nahmen an meiner Stelle der OpInfoStOffz und der LKB teil.

10.12.2003

Heute kommt es sehr dick. Generalmajor Dora, Stellvertreter des Befehlshabers Einsatzführungskommando, und Herr Stanzel (AA) kommen gleichzeitig. Dazu noch eine Delegation von ISAF als *fact finding team* (FFT) für die Vorbereitung des *transfer of authority* (TOA) zu ISAF. Zudem kommen noch ein paar Truppen, angeführt vom neuen Chef des Stabes, OTL Fohmann. Wird also interessant. Mal sehen, wann ich zum Schreiben komme.

Aus dem Besuch der ISAF-Delegation abzuleiten sind die künftig zu erwartenden hohen Berichtsforderungen, die mit dem verfügbaren Personal nicht zu leisten sind.

Herr Stanzel stellt das PRT-Projekt aus Sicht des Auswärtigen Amtes dar und wirbt für enge, integrative Zusammenarbeit mit allen Spielern vor Ort. Er bezeichnet die PRTs als hoffnungstragende „Leuchtfeuer" des Wiederaufbaus. Ziele sind die Verringerung des bewaffneten Personals, die Einrichtung der ANA, die Ausformung eines zivilen Arbeitsmarktes und die Einführung der Standards im Menschenrecht.

Eine besondere Gewichtung für Deutschland habe die Polizeiausbildung. In drei Bereichen müssten die Signale noch deutlicher werden: (1) Bekämpfung militanter Taliban und Al-Qaida, (2) Drogenbekämpfung und (3) neue afghanische Verfassung durch Erfolg der anstehenden *Constituional Loya Jirga (CLJ)*. Die afghanischen Gesprächspartner (Daud, Latif, AFG AA Vertreter in Kunduz) unterstreichen gute Kontakte zum PRT, Optimismus zum erfolgreichen Verlauf der CLJ und die hohen Erwartungen an das deutsche Engagement im Wiederaufbauprozess.

Latif bezeichnet Sicherheitslage als stabil, erwartet deutsche Hilfe beim Ausbau des Flughafens, im Straßenbau, bei der Wasserversorgung und in der Landwirtschaft sowie bei der Elektrizitätsversorgung. Auf Nachfrage zur Drogenbekämpfung wünscht er Hilfe bei der Suche nach Alternativen für die Bauern.

Daud, ganz Staatsmann, dankt Deutschland für die Petersburg-Konferenzen und für die Unterstützung von ISAF; identifiziert Pakistan als Destabilisator der Sicherheit Afghanistans. Sagt, dass er die Zentralregierung unterstützen würde und verweist auf den Beginn des DDR-Prozesses in Kunduz am 24. Oktober 2003; einem Tag vor unserem Eintreffen in Kunduz. Mit Drogen müsse man konsequent wie mit Taliban und Al-Qaida umgehen. Dostum sei ein Problem, weil er „örtliche Kommandeure" bezahle. Menschenrechte würden in Afghanistan beachtet. Er wird heute nach Kabul reisen, um die CLJ Delegierten der Nordostprovinzen zu beraten, sei er doch bei der Erarbeitung des Verfassungsentwurfs beteiligt gewesen. Da der Entwurf nicht vom Volk gemacht worden sei, erwarte er intensive Beratungen und Änderungen im Text. Zur Arbeit des PRT Kunduz meinte er anzumerken, dass durchaus von einem kleinen Punkt gestartet werden könne, dann aber in jeder Provinz aufgetreten werden solle; das entspricht meinem operativen Ansatz, ohne mit Daud je darüber gesprochen zu haben.

13.12.2003

Es hat den ganzen Vortag über geschneit. Schön. Wie immer, wenn Schnee fällt, werden Töne und Farben gedämpft, ein weißes Tuch legt sich über die schönen wie die hässlichen Dinge. Es waren mehr als

5cm, stellenweise bis zu 10cm Schnee. Die Menschen räumen den Schnee von den Dächern, damit diese nicht durchweichen.

Gestern, am frühen Morgen, sind LKB Major Tappe und Teile Fsch-SpezZg voraus los nach Feyzabad, um meinen beabsichtigten Besuch vorzubereiten. Wegen schlechter Straßenverhältnisse und Wetter musste die Gruppe ca. 1,5 Stunden hinter (ostwärts) Taloqan umkehren. Damit war klar, dass auch mein Trip heute und morgen im Schnee versinken würde. Das gibt mir zwei „freie" Tage. Deshalb war Briefeschreiben möglich sowie Inspizieren des Feldlagers; Arbeiten waren allerdings recht eingeschränkt. Das vor Ort befindliche ARD-Team besorgte sich am Adventskranz von willigen Soldaten Teile einer rührseligen *home story*, auch wichtig und gut. Mein wöchentlicher Gesprächstermin mit dem Mawlana fällt witterungsbedingt aus, bin nicht traurig drum.

Der morgendliche „jour fixe", beinahe hätte ich ihn vergessen, war ein Knaller. Von außerhalb waren da die Herren Sahlmann (BMZ) und Rechert (Welthungerhilfe). Herr Sahlmann hatte wohl Kreide fressen müssen. Er meinte, wir müssten vorsichtig sein mit unseren Versprechungen, weil die Afghanen das für bare Münze nähmen. Ich weise ihn darauf hin, dass er dabei vergisst, derjenige gewesen zu sein, der zusammen mit der Entwicklungsbank KfW in den Gesprächen mit den Afghanen den Eindruck erweckte, morgen würden schon die großen Veränderungen beginnen, dabei den zeitlichen Aufwand für Planung und Vorbereitung der Projekte einschließlich deren praktischer Umsetzung völlig außer Acht gelassen hat. Herr Stöckl-Stillfried hat ihm das um die Ohren gehauen.

Dann hat Herr Sahlmann auch noch angeführt, dass er einen Notfallplan erarbeiten müsse und ob wir ihm dabei behilflich sein könnten. Das bejahte ich, forderte zuerst aber seinen Entwurf ein und versprach ihm, ihn in unsere Planungen einzuschließen. Allerdings müsse er sich von der Vorstellung verabschieden, von militärischen Kräften bewacht zu werden und er müsse sich mit dem Gedanken anfreunden, sich im Notfall in die PRT-Liegenschaft zu begeben und dass er seine Unterkunft, um versehentlichen Beschuss aus der Luft zu verhindern, mit Leuchtstäben kennzeichnen müsse.

Herr Rechert, der irgendwie witzig ist wie ein kleiner kräftiger Hund, der sich in ein Hosenbein verbeißt und ständig daran zieht und zerrt, hatte Plätzchen mitgebracht. Zudem scheint ihm unser Kaffee zu schmecken; dem widmete er besondere Aufmerksamkeit. Jedenfalls brachte er wieder vor, dass ich mir drüber klar sein müsse, dass wenn ein Deutscher einen Afghanen erschießen würde, er – Rechert – die „Kacke an der Backe" hätte und er sich auch nicht zufrieden geben könne mit meiner Antwort, wonach wir nicht hier wären, um Afghanen zu erschießen. Wir müssten diese Dinge durchsprechen, vorweg, meinte er, und ich pflichtete ihm vorbehaltlos bei, meinte auch, dass wir wohl eingreifen müssten, wenn durch einen seiner Mitarbeiter sich die Sicherheitssituation, z.B. durch einen Verkehrsunfall, verschärfen würde. Zudem verwies ich auf die UN-Resolution 1510, wonach die Inhalte dieser, wenn nötig, auch mit Waffengewalt durchzusetzen sind, z.B. um ein sicheres Umfeld herzustellen. Es fiel ihm nicht recht viel mehr dazu ein, und ich verwies deshalb auf die Notwendigkeit dieses wöchentlichen Treffens und der hierbei möglichen Abstimmungsgespräche. Er führte aus, dass er von seiner Organisation angehalten sei, ein gutes Verhältnis zum PRT und zum Militär zu pflegen. Er würde es deshalb auch nicht verstehen, wenn die Differenzen zwischen AA und BMZ nach außen getragen würden, wie offensichtlich von einem UN-AMA Vertreter bemerkt wurde. Dieses Thema wurde von Herrn Sahlmann als nicht mehr existent abgetan (hatte es wohl doch eine Aussprache im Kanzleramt gegeben?!)

Der letzte Punkt, den Herr Rechert ansprach, verschlug mir zuerst die Sprache, um dann in Heiterkeit umzukippen. Ein Soldat hätte ihm gegenüber geklagt, dass er wohl nur Sommeruniformen hätte und deshalb frieren müsse. Herr Rechert bot nun an, hier zu unterstützen. Er würde warme Unterwäsche kaufen und an uns verteilen und wenn wir weggingen, zurücknehmen, um sie dann an die Afghanen zu verteilen. Das war witzig, ich muss jetzt noch schmunzeln; er hatte es allerdings ernst gemeint – oder auch nicht. Es war jedenfalls ein guter Versuch, den ich ihm ausredete, hätte doch jeder Soldat ausreichend Bekleidung und müsse auch nicht frieren, denn wer friert, sei entweder arm oder dumm; und arm ist die Bundeswehr nicht. Es war ein netter „jour fixe".

Um 16 Uhr war die feierliche Eröffnung des jetzt fertiggestellten Brunnens im Feldlager angesetzt. Der Wehrgeologe Dr. Willig hatte sich ein kleines Programmchen zurechtgelegt und organisiert. Es war eine Zweimannkapelle da, Flöte und Trommel, die haben eröffnet; danach sprach der Wehrgeologe, wie dieser Brunnen gemacht (getauft) wurde, dann sprach ich, dass ich diesen Brunnen „Freundschaft", auf afghanisch „doosty", nennen würde. Nach Durchschneiden eines Bandes am Taufgestänge wurden Bonbons und Zuckermandeln gereicht. Danach Musik und Tanz (im nassen Schnee), das alles für Deutschland - und die ARD war dabei. Danach einheimisches Essen, Spieße aus Schaffleisch, Reis und Brot, war gut und verträglich. Muss wohl in meinem ersten Leben ein Afghane gewesen sein. Ach ja, vor dem Essen und nach dem Tanzen hat man mir noch einen warmen afghanischen Wintermantel geschenkt. Darauf nahmen Hacker und ich während des Essens auf der Terrasse des zivilen Gebäudes Platz. Über die gesamte Zeit hinweg fiel nasser Schnee in großen, dicken Flocken. Etwas später kamen noch Sikhs, die Dadgul, der alles arrangiert hatte, miteinbrachte. Sie führten einen recht aggressiv und kriegerisch anmuteten Tanz mit Stöcken vor; ist Teil ihrer Kultur. Allen musste ich die Hand schütteln, alle waren aber auch sehr freundlich. Mit Dunkelheit war dann auch Schluss.

Vor der „Brunnenweihe" hatte ich noch ein Telefongespräch mit dem Chef des Stabes Einsatzführungskommando. Er kündigte den Zulauf einer Weisung für den Einsatz an, meinte, diese würde Antwort auf mein operatives Konzept geben. Es sei auch außergewöhnlich, dass das Einsatzführungskommando so eine Weisung schreiben würde, wären es doch sonst immer die multinationalen Hauptquartiere, die Einsatzbefehle gäben. Zum zweiten meinte er, dass das „Relaisstellenkonzept" nicht mit außen diskutiert werden solle, was ich sowieso nicht tun würde. Unverständnis! Ich frage, ob er damit auch die Aussage des General Daud meine, die dieser beim Besuch Herrn Stanzel (AA) getätigt hatte. Er bejaht und ich sage ihm, dass das Dauds eigene Kopfgeburt gewesen sei, als Herr Stanzel ihm erläuterte, dass das PRT wie ein „Öltropfen" sei, der auf der Wasseroberfläche aufkommen, sich flächig ausbreiten würde. Daud hat daraufhin entgegnet, warum nur an einer Stelle beginnen, er schlage als Konzept vor, an mehreren Stellen gleichzeitig zu beginnen, wofür er die Provinzhauptstädte vorschlagen würde.

14.12.2003

Punkte für den Erfahrungsbericht:

1. Notwendigkeit LKB für Ersteinsatz in kulturell-religiös andersartigem Umfeld;
2. Sprachmittler in Uniform;
3. Kleiner Stab, flache Hierarchie, Notwendigkeit für den Einsatz von Spitzenleuten, Erfahrung zählt mehr als Dienstgrad;
4. Pull-Prinzip vor Push-Prinzip, allerdings darf der Impfstatus kein „pull-stopper" sein
5. Realistische Stellenbesetzungsliste (SBL), keine Lostrommel;
6. CONOPS und OpBefehl unter Mitsprache des Kommandeurs vor Ort;
7. Wer führen soll, muss auch erkunden.

War heute bei den Sikhs und beim Bürgermeister Kunduz.

Die Sikhs sind eine religiöse Gruppe/Sekte; ein Mischmasch aus Buddhismus, Hinduismus und Islam. Viermal am Tag Gebet, fünf Kennzeichen, die vorgegeben sind: Unterwäsche tragen, Haare und Bart wachsen lassen, einen Kamm ständig bei sich tragen, sowie ein Armband (angeblich aus Nickel) und ein Messer. Vor 305 Jahren wurde die Sekte durch den ersten Propheten gegründet. Angeblich wollte er, dass beim Ableben des Mannes die Frau nicht mehr verbrannt wurde. Insgesamt gibt es zehn Propheten, wovon der zehnte ein „Wesentlicher" sei. Ich besuche den Tempel der Sikhs; sie lieben bunten Firlefanz, der Decke und Wände schmückt. Musiziert wird auf dem Harmonium mit Trommelbegleitung. So eine Andacht würde mich schon interessieren. Im Anschluss gibt es Tee und ein Vorstellungsvideo. Die Gemeinde sei derzeit nur etwa 12 Sikhs stark, zu viele seien emigriert, könne aber auf 600 anwachsen. Ein Besuch in einer sehr freundlichen Atmosphäre.

Der Bürgermeister von Kunduz erläutert seine Stadt. Sie erstrecke sich in ihren Grenzen in einem drei Kilometer Radius um die Stadtmitte und hätte 150000 Einwohner. Größter Arbeitgeber sei die Spinzer Factory mit 2000 Beschäftigten. Auf die Frage, ob das stimme, sagte er, 700 Arbeiter und etwas Stab. In diesem Betrieb würde Rohbaumwolle für den Export bearbeitet sowie aus Baumwolle auch Öl gepresst, das zur Herstellung von Seife diene. Die Stadt hätte dreizehn Bazare, die

Steuergeld für die Zentralregierung einbrächten, ebenso der Kauf und Verkauf von Immobilien. Die Stadt müsse den Finanzierungsplan aufmachen und der Zentralregierung vorlegen. Die würde dann die Haushaltsmittel zuweisen. Die Sicherheitssituation wäre befriedigend, wenn er auch mit der Polizei unzufrieden sei. Nicht registriert, nicht ausgebildet, unzuverlässig und waffentragend wären sie ein Ärgernis. Das Militär ginge so, wäre unter einer besseren Kontrolle. Einfluss auf den Polizeichef hätte er nicht.

Seine Verantwortung läge bei Straßenbau und Gemeindegebäuden. Für Straßenbau sei mit der Kreditanstalt für Wiederaufbau (KfW) bereits ein MOU unterzeichnet, das er mir zeigte. Ich fragte, ob er gewählt sei und wie lange seine Amtszeit gehe. Vor dem Krieg gegen die Taliban wäre er Chef des Nachrichtendienstes von Kunduz gewesen, nach dem Krieg – an dem er aktiv teilnahm – sei er vom Volke „gewählt" worden. Seine Amtszeit würde von der zu verabschiedenden Verfassung abhängen.

Das Auftreten des Bürgermeisters war geprägt durch seinen sehr westlichen Anzug, ein gepflegtes Äußeres und höfliche Umgangsformen. Sein Büro war – was selten ist – geschmackvoll arrangiert, wenn auch die Möbel dem einheitsafghanischen Geschmack entsprachen. Er scheint mir Daud zugeneigt zu sein, letztendlich aber in seiner Position ein Mann ohne Einfluss.

Nach dem Antreten Lagevortrag zur Unterrichtung zur Weisung des Einsatzführungskommandos für den PRT Einsatz vom 12.12.2003. Mit der Auswertung des Auftrages haben sich die Jungs sehr viel Mühe gegeben. Der Schutzauftrag ist militärisch verständlich, ebenso die logistische und sanitätsdienstliche Eigenversorgung. Die Mitwirkung bei Maßnahmen zur Unterstützung der Sicherheitssektorreform (ohne Kampf gegen Drogen) ist in Absprache mit den verantwortlichen Stellen zu definieren. Ich kann damit leben, wie diese Weisung abgefasst ist, weil sie meine Gedanken aufgreift und flexibel umgesetzt werden kann. Als Schwerpunkt und Zentrum der eigenen Kraftentfaltung und Handlungsfähigkeit sehe ich die Fähigkeit, die Unterstützung der regionalen Führer und der Bevölkerung zu gewinnen und aufrecht (*networking*) zu erhalten. Das ist jetzt unser Auftrag.

15.12.2003

Heute Besuch einer italienischen Delegation, angeführt von deren Botschafter in Kabul. Wollten wissen, wie man ein PRT macht. War ein sehr netter Besuch.

Im Telefongespräch mit Einsatzführungskommando unterstreiche ich, dass wir mit der Weisung die Freiheit hätten, die wir brauchten, um unseren Auftrag zufriedenstellend zu definieren. Wir kommen auf *force protection* zu sprechen, die nicht vernachlässigt werden solle. Er bezog sich dabei auch auf das Außenpostenkonzept. Ich füge noch hinzu, dass geschützte Autos gut seien, jedoch auf die lokalen Verhältnisse Rücksicht genommen werden müsse. So will ich in Kunduz nicht den DINGO, wohl aber MUNGO, WIESEL und gepanzerten WOLF haben.

Am Flugplatz heute Morgen beklagte sich die Einsatzleitgruppe (ELG), dass sie aus der OPZ nicht ausreichend mit Information versorgt werden würden. Zudem gäbe es Dinge, die sie besser könnten würden als andere. Ich forderte meinen Chef des Stabes auf, das OPZ-Personal mit der ELG zu koppeln und herauszufinden, wie der Betrieb des Flugplatzes, auch nach außen hin, professioneller durchgeführt werden kann.

Das ARD-Team nervt zwischenzeitlich etwas, wollten sie mich doch beim Einfahren in das Lager und beim Aussteigen filmen, wobei sie mir dann noch ein Statement zur Sicherheitslage abnötigten. Presse ist ja manchmal ganz schön, aber manchmal aufdringlich.

16.12. 2003

Heute Gespräche mit Direktor Nachrichtendienst Provinz Kunduz, Abdul Hamid, dem Kommandeur 54. Division, General Mir Alam, und dem Oberhaupt der Schiiten in der Provinz Kunduz, Hodschatolislam Dschauwadi.

Der Chef des Nachrichtendienstes befasste sich mit den Taliban. Deren Anhänger seien dem Nachrichtendienst namentlich bekannt; die radikalen Elemente seien verhaftet, der nicht-radikale Anteil gehe geregelter Arbeit nach; einige seien auch für die Regierung tätig und in der Polizei. Bei Auffälligkeiten würde es Verhaftungen geben.

Bei einer vor vier Monaten stattgefundenen Taliban-Konferenz in Pakistan sei für die Provinz Kunduz eine „Schattenregierung" benannt worden; bislang aber sei die Lage unter Kontrolle. Kürzlich zwei Verhaftungen, ein hochrangiges Talibanmitglied und eine Person, die versucht habe, eine Granate für einen Anschlag auf internationale Einrichtungen zu beschaffen.

Er betonte seine Freude über das deutsche PRT und über die beabsichtigte Polizeiausbildung. Angesprochen auf das schlechte Ansehen der Polizei begründete er dies mit der mangelnden Disziplin, mit den nicht vorhandenen Rahmenbedingungen für die Polizeiarbeit, dadurch unakzeptabler Umgang mit der Zivilbevölkerung. Angesprochen auf die Grenze zu Tajikistan bestätigte er Probleme, weil die dortige Grenzpolizei nicht zur afghanischen Nationalpolizei gehöre. Der Bruder von Gouverneur Latif würde mit einer „Privatarmee" an der Grenze eigene Interessen verfolgen. Auf Dostum angesprochen sprach er diesem nennenswerten Einfluss in Kunduz ab; auch wenn er Leute bezahle mit Geld, welches er aus der Türkei und aus Uzbekistan bekommen würde. In der Provinz Baghlan sei Dostums Einfluss größer und problematischer; frühere Taliban-Führer sowie das Oberhaupt der dortigen ismaelitischen Gemeinde würden mit Dostum kooperieren. Er sage Dostum keine große Zukunft voraus, da dieser „weder lesen noch schreiben" könne; nach Abschluss des DDR-Prozess würden ihm zudem die Machtmittel fehlen.

Im Gespräch mit General Mir Alam bezeichnete sich dieser selbst als „Militär und Zivilisten"; 23 Jahre Krieg und Bürgerkrieg seien genug; jetzt sei Wiederaufbau erforderlich. Deshalb freue er sich über das deutsche PRT. Er nannte General Daud zwar seinen Vorgesetzten, ließ aber Spannungen durchblicken, die von der Zentralregierung zu klären seien.

In Ergänzung meiner regelmäßigen Treffen mit dem Oberhaupt der Sunniten (Mawlana) jeden Freitag nach dem Mittagsgebet hatte ich auch das Gespräch mit dem Oberhaupt der Schiiten angestrebt. Eine Einladung erfolgt dann zum Mittagessen; Atmosphäre freundschaftlich und gelöst. Die schiitische Gemeinde Kunduz umfasst ca. 600 Familien, insgesamt etwa 5000 bis 6000 Schiiten. Freie Religionsausübung sei gewährleistet; religiöse Ausbildung erfolgt vor Ort in der Moschee; die besten Schüler werden in den Iran geschickt. Der Iran würde keine finanzielle oder wirtschaftliche Hilfe leisten. Meine religiösen Grundkenntnisse wurden arg geprüft, allein durch die Diskussion, ob Jesus nun Gottes Sohn oder ein Prophet sei; gut, dass der LKB mit dabei war.

17.12.2003

Heute Gespräch mit Gouverneur Baghlan; Eng. M. Omar (später Gouverneur Provinz Kunduz, ermordet in 2010) und Polizeichef Baghlan. Omar forderte uns auf, eine eigene Bewertung anzustellen und auf diese zu vertrauen und unparteiisch zu bleiben. Er forderte *equal treatment for all tribes*. Beide mahnten Polizeiausbildung an.

18.12.2003

Heute Sonnenschein; Vorbereitung des morgigen Besuchs durch COM CINCNORTH. Dessen Eindruck vom PRT wird wohl das Zünglein an der Waage für die Kommandoübergabe (TOA) an COMISAF sein. Daran sollte es also nicht liegen. Etwa zeitgleich ist auch der Inspekteur Sanitätswesen zu Besuch. Dieser muss sich mit der zweiten Priorität zufriedengeben.

Vor einigen Tagen hatte US-Militärpolizei vorgeschlagen, gemeinsam mit uns und mit der afghanischen Polizei Streife zu laufen; das kam nicht zustande; bin ganz froh drum, weil wir uns zu arg an diese und deren schlechten Ruf binden würden. Auch scheint von afghanischer Seite kein Interesse daran zu liegen. So soll General Gülestan mit Zustimmung General Dauds geäußert haben, dass gemeinsame Streifen mit Ausländern nicht erwünscht seien; das VI. Korps sei ausreichend zur Gewährleistung der Sicherheit im Nordosten. Daud unterstreicht damit seine Absicht, alleinig die Sicherheit im Nordosten kontrollieren zu wollen.

Gestern Abend hat der Presseoffizier, OLt Weigand, bei der Reinigung und Überprüfung seiner Waffe im Container einen Schuss freigesetzt. Hat dabei wohl die Waffe von schräg flach unten nach oben gehalten. Der Schuss durchschlug seinen Container etwa auf Schulterhöhe und drang in den gegenüberliegenden Container knapp unter der Dachrinne ein. Gott sei Dank ist niemand zu Schaden gekommen. Er ist ganz schön fertig und trägt ab jetzt den Spitznamen *„Billy the PIZ"*. Konsequenz: Disziplinare Würdigung, Waffenausbildung, regelmäßiges Schießtraining, gilt zugleich als Präventivmaßnahme für alle. Kurioserweise liegt auch noch seine Beförderung zum Hauptmann vor.

OTL Hacker meldete mir, dass er inoffiziell in Kenntnis gesetzt wurde, dass das Grundstück „Baumschule" nicht an die Bundesrepublik für einen Neubau Feldlager abgegeben wird. Alternativ schlug er deshalb vor, ein Feldlager in Flugplatznähe und ein zivil-militärisches Stabsgebäude in der Stadt. Ich halte das für eine gute Idee. Eine solche Lösung böte genügend Flexibilität, den militärischen Anteil zu variieren, schweres Gerät aus der Stadt zu halten, eine für die Bevölkerung und deren Vertreter leicht erreichbare Ansprechstelle zu haben und Feldjäger sinnvoll einzubinden.

Auch Herr Sahlmann besuchte mich, erneut darauf hinweisend, dass er nie etwas gegen die Bundeswehr gesagt hätte, dass das PRT wichtig sei, dass es keine unterschiedlichen Auffassungen gäbe, etc. Ich denke, er ist ein Lügner, ein Opportunist; wird sich aber selbst entlarven.

19.12.2003

Dem Besuch durch CINCNORTH waren intensive Wechselinformationen zum TOA unter ISAF vorangegangen. Zuerst hieß es 23.12., das sei so gut wie sicher, dann aber wieder nicht. Dann kam folgende Information: Wenn nicht dieser CINCNORTH zustimmen würde, dann sein Nachfolger, der deutsche General Back, bisher Inspekteur der Luftwaffe; und das wäre dann 14 Tage später. Mein US-Kamerad Fred Tawes wusste gar nichts; dann hieß es doch wieder 23.12., wir sollten eine Einladungsliste und einen Vorschlag zum Ablauf der offiziellen Feier vorlegen. Dann hieß es 30.12. und so gingen wir in den Besuch CINCNORTH. Es wurde klar unterstrichen, dass dieser Besuch erste Priorität hätte – was klar war – und damit der zeitgleiche Besuch durch den Inspekteur Sanitätswesen hintenanstehen müsse – was schade war.

Am Besuchstag morgens um vier wache ich auf und denke daran, das Briefing auf den britischen General umzustellen; das mache ich auch: den Auftrag straffen, die militärischen Aufgaben mit Beispielen versehen, die *order of battle* präziser gestalten, ebenso die Unterstellungsverhältnisse sowie eine Darstellung des PRT-*networking* entwickeln: mit wem haben und pflegen wir Verbindung. Ich bin zufrieden damit und sehe dem Besuch in aller Ruhe entgegen.

Das Briefing lief gut; Herr Stöckl-Stillfried trug ebenso vor. Dann stellt CINCNORTH seine Fragen, die mehr einem *statement* entsprachen, wie er sich die Arbeit des PRT vorstellen würde. Nichts anderes, als was ich vorgetragen habe. Er versucht uns klar zu machen, dass mit den NGOs eine *deconfliction* („Balkan, ich hör dich trapsen") erforderlich sei. Er fragt, wie wir ihm zu helfen gedenken – indem wir seine *area specialists* sind; dass wir in den *overall campaign plan* passen müssen. Er hinterfragt die Größe des Kontingents, bezeichnete den Ansatz als falsch (Kritik an der Bundesregierung und dem Parlament) und meint, wir müssten alle unsere bewerteten Gesprächsnotizen als *intelligence* an alle abgeben. Weiß wohl nicht, was NATO Intel ist. Seine Anmerkungen/Kommentare ohne richtige Substanz; ist uns ja alles nicht fremd. Ich war froh, dass ich das UK-PRT kannte und somit Vergleiche hinsichtlich der Kapazitäten anstellen konnte. Ich gehe davon aus, dass er nichts aus dem Besuch davontragen kann, was gegen unseren Ansatz sprechen könnte, außer, dass er die Deutschen zu *pushy* finden würde.

20.12.2003

Sonnenschein. Gespräch mit Hauptmann Baum zum Einsatz Fallschirmspezialzug; macht sich Gedanken. Meine Hauptaufgaben für ihn:

1. Nehmen, Sichern und Betreiben Flugplatz, Behelfsflugplatz, und vorgeschobene Operationsbasis (FOB, FARP) wenn erforderlich;
2. Erkundung, einschließlich Gesprächsaufklärung;
3. Frage bleibt, in welchem Umfang auch *direct action* (DA)-Aufgaben wahrgenommen werden können. Untersuchen!

Bei Eröffnung einer Schule hinter Kanabad anwesend; dabei Distriktmanager Kanabad, Shir Muhammad (Bruder von Polizeichef Gullam); Verteilung von Stofftieren.

Unser Einsatzbefehl nimmt Gestalt an; wird auch Zeit. Wir sind nun schon sechs Wochen im Land. Außer einem Parlamentsbeschluss und einem Befehl zur Verlegung vom Einsatzführungskommando haben wir nichts. ISAF hat uns noch nicht, CJTF180 soll uns nicht haben und durch den ressortübergreifenden Ansatz gibt es „zivile Begehrlichkeiten". Deshalb, zum ersten Mal sehe ich Licht und die Möglichkeit, unser Hiersein mit einer Basis zu versehen, die sich auch positiv auf die Absprachen mit ISAF ab Unterstellung auswirken wird.

Ausgangspunkt für unseren Einsatz ist und bleibt der ressortübergreifende Ansatz des PRT-Projekt ISAF-Insel Kunduz. Es soll den Wiederaufbau in Afghanistan in einem sicheren Umfeld unterstützen. Das PRT-Projekt hat deshalb einen militärischen und einen zivilen Anteil. Beide synchronisieren ihre Arbeit. Die Beteiligung anderer Nationen ist möglich. Zuständig für das Schaffen und Aufrechterhalten eines sicheren Umfeldes und für den Wiederaufbau sind die verantwortlichen afghanischen Organisationen und Behörden. Sie werden unterstützt von den jeweiligen PRT-Anteilen und den dahinterstehenden GO/NGO. Die PRT-Arbeit umfasst keine offensiven militärischen Maßnahmen im Rahmen der Terrorismusbekämpfung sowie gegen Drogenanbau- und Drogenschmuggel.

Es werden deshalb nachfolgende Maßnahmen erforderlich:

1. Aufnehmen und Halten von Verbindung zu Stellen der afghanischen Zentralregierung, zu anderen regionalen Entscheidungsträgern und Meinungsmachern sowie zur Bevölkerung;
2. Vertiefen und Erweitern der PRT-Aktivitäten nach Inhalt und Raum (über Kunduz hinaus in die Nord-Ost-Provinzen) mittels des mobilen, später auch stationären Einsatzes von PRT-Teams (Außenposten), somit Sichtbarkeit und Ansprechbarkeit des PRT in der Fläche;
3. Patrouillieren der Hauptbewegungslinien, insbesondere zwischen Stamm-PRT und Außenposten nach deren Einrichten,
4. Bereitstellen einer QRF-Land im Stamm-PRT, später auch QRF-Luft, mit begrenzter Extraktionsfähigkeit.

Ergänzt werden diese Maßnahmen durch

1. Informationsoperationen, deren Fokus auf der Befähigung zur Meinungsbildung durch die afghanische Bevölkerung und Verbreitung von Meinung liegt;

2. die Initiierung von kleinen Projekten (QIP), die mittel- und unmittelbar geeignet sind, Ansehen und eigene Bewegungsfreiheit der eigenen Einsatzkräfte im Einsatzraum zu gewährleisten und zu verbessern;

3. die Unterstützung des DDR-Prozesses sowie sonstiger Maßnahmen, die im Rahmen der Unterstützung der *Security Sector Reform* (SSR) sowie anderer Gelegenheiten (z.B. Wahlen) durch COMISAF abgefordert werden können.

Parallel und damit grundsätzlich stellen wir sicher 1) Sichern und Betreiben des Flugplatzes Kunduz, 2) Betrieb und Schutz des Feldlagers Kunduz, und 3) Vorbereiten der Verteidigung und Evakuierung des PRT-Personals, einschließlich Schutzbefohlener.

Die Reichweite mobiler PRT-Teams ist ohne gesicherte Übernachtungsmöglichkeit außerhalb des Stamm-PRT begrenzt. Deshalb sehen wir die Einrichtung von stationären PRT-Teams in den Provinzhauptstädten, beginnend mit der Provinz Taqhar in Taloqan, gefolgt von der Provinz Baghlan in Pol-e-Khomri und zu einem späteren Zeitpunkt in der Provinz Badakhshan in Feyzabad vor. Vor der praktischen Umsetzung erarbeiten wir ein Konzept, das die Komposition der PRT-Teams, deren Unterbringung, Schutz, logistische Unterstützung etc. feststellt. Erkundung und Absprachen erfolgen erst nach Vorliegen und Billigen des Konzepts.

Dieser Ansatz für den Einsatz ist die Grundlage für die Erarbeitung der englisch-sprachigen OPORD der Einsatzkräfte Kunduz, die nach Vorliegen der OPORD COMISAF zu erarbeiten ist. Die Zusammenarbeit mit CJTF 180/CFC-A für Luftnahunterstützung (CAS) und das Einbringen von Verstärkung in Notlagen stellen wir über das Deutsche Verbindungskommando zu CJTF 180 Bagram sicher.

21.12.2003

Heute wollten wir nach Dushanbe, um Absprachen für die Evakuierungsplanung zu treffen. Wir kamen bis zum Fluss. Der von der deutschen Botschaft Dushanbe angeheuerte Fährmann kam nicht. So standen wir mehrere Stunden am Flussufer und nichts bewegte sich. Herrn

Stöckl-Stillfrieds Telefonate mit der Botschaft in Dushanbe brachten keinen Fortschritt, so dass wir das Unternehmen abbrachen und in das Feldlager zurückfuhren. Ich will einen neuen Anlauf am 25./26.12. machen, weil unser Visum am 28.12. abläuft; wäre schade drum.

Wir werden immer gefragt, was wir gegen Drogenanbau und Drogenschmuggel unternehmen. Die Antwort war immer „keine Aktion". Ich glaube aber, wir können mit Präsenz in der Fläche und Verdichten von Information einen Beitrag leisten, der uns nicht exponiert. Wenn also für die Provinz Kunduz der Drogenschmuggel über die Grenze nach Tajikistan mit Besorgnis gesehen wird, so denke ich, dass wir mit nachfolgenden Maßnahmen unterstützend tätig werden können. Dabei sind alle Maßnahmen mit unserer Verpflichtung, die Evakuierung stets zu ermöglichen, abgedeckt:

1. Tägliche Patrouille des Evakuierungsweges Kunduz–Shirkhan, dabei Verbindungsaufnahme mit Kontrollposten; Festhalten des Fahrzeugverkehrs nach Kfz-Typ und Kennzeichen, Fahrtrichtung und Beladung; Festhalten Karawanenverkehr nach Anzahl, Ausrüstung Begleitpersonen, Anzahl Tragtiere, Beladung, Wanderrichtung;
2. Erkunden Übersetzstellen über Grenzfluss in den Provinzen Kunduz und Taqhar sowie befahrbare Strecken entlang und zum Fluss und mögliche Bootsanlegestellen am diesseitigen und jenseitigen Ufer.

22.12.2003

Es schneit. Der Schnee bleibt nicht liegen, dazu ist er zu nass. Damit gibt es keinen Flieger und die Männer können nicht raus aus Kunduz. Ich habe deshalb Herrn Stöckl-Stillfried gebeten, sicherzustellen, dass wir Termez im Landmarsch erreichen können, ausnahmsweise, den Männern zuliebe. Ich rechne nicht mit guten Flug- und Landebedingungen für morgen. Gehe davon aus, dass der angekündigte Besuch des belgischen Verteidigungsministers und des Befehlshabers Einsatzführungskommando im Schnee versinken wird. Viel wichtiger ist allerdings, dass die Männer das Gefühl haben, es wird was für sie getan.

Schnee über den ganzen Tag. Der Landmarsch über Masar-e-Sharif nach Termez und der Grenzübertritt nach Uzbekistan werden von Herrn Stöckl-Stillfried auf diplomatischer Ebene geregelt; die

Absprachen mit dem UK-PRT erfolgen durch uns; Operation „Winterexpress" kann ab Mitternacht laufen.

23.12.2003

0100 Uhr; BMVg lehnt unseren Antrag, die Jungs über Land nach Termez zu bringen, ab. Während des Anmarsches nach Mazar-e-Sharif Abbruch der Operation „Winterexpress" und Rückkehr der Truppe in das Feldlager; das ist abgrundtief enttäuschend, kaum zu beschreiben. Jetzt bleibt nur noch zu hoffen, dass das Wetter morgen das Einfliegen des Befehlshabers Einsatzführungskommando erlaubt, dann kommen die Jungs raus. Das Risiko auf dem Landweg sei ungleich höher, so die Argumentation des BMVg; der schichtführende Brigadegeneral hat nicht mal Lust, mit mir zu sprechen. Er lässt mich dafür durch das Einsatzführungskommando zurechtweisen, dass ich gefälligst den Dienstweg einzuhalten habe. Er hätte zudem so entschieden und dabei bliebe es. So ist das, die Position dessen vor Ort interessiert nicht. Wir werden verwaltet. Es ist richtig, dass es Schlimmeres gibt, Sicherheit geht vor, aber was dürften wir hier dann nicht alles nicht tun? So ein bisserl *smart risk management* wäre nicht schlecht und auch gut für die Hygiene der Truppe. Was ist „*lesson learned*"? Nicht fragen, machen. Anschiss später einstecken.

25.12.2003

Der Weihnachtsabend ist vorbei. Heute vor genau zwei Monaten sind die ersten 27 in Kunduz angekommen; ich erinnere mich noch lebhaft daran. Die Bilder, die wir uns ausgemalt haben über das, was uns erwarten würde. Gedanken über: wie verlassen wir das Flugzeug, wer holt uns ab, was will die Presse? Es hat sich gut entwickelt. Zwischenzeitlich sind wir 179 Mann und Frau stark. Das gemütliche PRT-Camp hat sich zu einem Feldlager aufgeblasen. Das Rettungszentrum liegt breit in einer Ecke, wie ein richtiges Krankenhaus. OpInfo schräg gegenüber, hat sich eine Wagen- und Containerburg gebaut und einen „Vergnügungspark" eingebettet. Dieser ist eng angelehnt an die Sanitärcontainer. Der Material-Stall, vordem Pferdestall, schmiegt sich am hinteren Eck

entlang. Weiter unten der Arbeitsbereich der Pioniere, die „Hobby-
werkstatt", gefolgt von Küche und Generatorenpark.

Die Höfe und Obstgärten sind vollgepackt mit Wohncontainern und
Holzhütten. Alles sieht doch etwas anders aus, als wir es zu Beginn
vorgefunden hatten. Trotzdem ist der Charme des Feldlagers erhalten
geblieben. Es ist gemütlich, einfach und unkompliziert geblieben, bis
jetzt. Auch wenn die alte US *dining facility* gegen ein großes deutsches
Speisezelt ausgewechselt wurde. Die beiden Betreuungszelte im hinteren Bereich des Camps wurden mit gemauerten Tresen durch die Pioniere sehr schön gestaltet. Allein im Aufbohren des Feldlagers wurde
in den letzten zwei Monaten sehr viel geleistet. Die Männer haben sehr
gute Arbeit verrichtet.

Im inhaltlich taktisch-operativen Ansatz sind wir ebenso gut vorange-
kommen. Das Netzwerk unserer Kontakte geht deutlich über Kunduz
hinaus. Das gibt ein gutes Bild, wenn wir auch noch weit davon entfernt
sind, alle Ecken ausgeleuchtet zu haben. Trotzdem sind wir in der Lage,
den Umfang und Inhalt unserer Operationen zu fixieren und unseren
Nachfolgern weitestgehend vorzugeben.

Rückblickend halte ich fest, dass am 23.12. der Tag sich, wie um Ver-
zeihung bittend für die letzten zwei Tage, mit klarem Himmel und
strahlenden Sonnenschein aus dem Osten ankündigte. Flugwetter! Es
war nur noch die Frage, ob der Zustand der Landebahn das Landen
von Flugzeugen erlauben würde. Es hatte doch einiges geschneit; war
zwar nicht so kalt, aber angefroren über Nacht. Die erste Maschine, die
reinkam, war die C130 des belgischen Verteidigungsministers André
Flakaut. Er kam mit großem Team, insgesamt 40 Personen mit 12 Journalisten aller vier wesentlichen belgischen Stationen, dabei. Seine Absicht war es, möglichst öffentlichkeitswirksam Zeichen für eine künftige Beteiligung Belgiens am PRT-Projekt zu setzen. Dazu Gespräch
mit PRT Führung, militärische Führung Belgiens eingeschlossen und
Verteilen von Decken an Afghanen. Letzteres haben wir mit Katachel
e.V. als *show* aufgesetzt. Er brachte aber nur etwa eine Stunde mit, zu
kurz, zu hastig sein Besuch. Gouverneur Latif erschien unerwartet am
PRT-Tor, um den belgischen Verteidigungsminister zu sprechen.

Die zweite Maschine konnte unsere Männer in die Heimat für Weihnachten ausfliegen. Gottseidank, nach all dem Bangen.

Mit der dritten Maschine kam der Befehlshaber mit seiner Übersetzerin und landeskundlichen Beraterin. Aus dem letzten Besuch haben wir gelernt und bereiten nun den Befehlshaber eingehend auf die Gespräche mit den afghanischen Entscheidungsträgern vor. Dabei stellen wir das Erreichte und Problembereiche aus unserer Sicht eingehend dar und formulieren, wo wir die Unterstützung durch den Befehlshaber brauchen.

Er sprach mit General Daud bereits in Kabul. Dieser soll gemeinsame afghanisch-deutsche Operationen angeregt haben: Wo ein afghanischer Soldat stehe, solle auch ein deutscher Soldat sein, so dass man voneinander lernen könne. Interessante Anregung, war doch sein mir gegenüber geäußerter Ansatz für die Beteiligung von Ausländern an afghanischen Operationen etwas anders.

Der Befehlshaber sprach auch mit Gouverneur Latif und Polizeichef Gollam.

Gouverneur Latif, in seiner unnachahmlich einschläfernden Art, bestätigt, dass die Kandidatenauswahl für die CLJ gut verlaufen sei, dass er den Fortgang der CLJ interessiert beobachten würde, jedoch keinen Rat erteile oder Einfluss nehme. Die Bevölkerung von Kunduz würde sich eine starke Zentralregierung wünschen. Das parlamentarische System würde abgelehnt, weil man in der Qualität der inhaltlichen Auseinandersetzung noch nicht so weit (kultiviert) sei. In Afghanistan seien die Menschen hitziger. Ein System, das eine größere Mitsprache der Bevölkerung vorsehe, wäre aufgrund mangelnder politischer Mündigkeit für Afghanistan derzeit nicht angebracht. Vielleicht in zehn Jahren.

Die wirtschaftliche Entwicklung sieht er stimuliert durch Straßenbau und Wiederaufbau. Die Chinesen hätten die Vermessungsarbeiten an der Straße Taquar – Kunduz – ShirKahn noch nicht abgeschlossen. Hier wirkte Latif nicht besonders gut orientiert. Beim Wiederaufbau sei bisher noch nichts geschehen. Es gäbe viele Versprechen, u.a. dass ab 20.01.2004 mit dem Straßenbau begonnen würde. Herr Stöckl-Stillfried erläuterte daraufhin das übliche Verfahren und wies darauf hin, dass Straßenbauarbeiten in der Winterzeit nicht von Nachhaltigkeit geprägt wären.

Herr Stöckl-Stillfried stellt die Frage, ob er, der Gouverneur, die vielzähligen Aktivitäten der NGOs, wie AGEF und Welthungerhilfe, in seinem Sinne seien und er sie registrieren würde. Befehlshaber unterstützt Stöckl-Stillfried, indem er darauf hinweist, dass es deutsche Steuergelder seien, die in den Wiederaufbau Afghanistans einfließen würden – und dabei sei man dem Steuerzahler einen Nachweis schuldig. Latif gibt vor zu verstehen, dass alles seine Zeit brauche, weil in Eile Gemachtes keinen Bestand hätte. Er zitiert ein afghanisches Sprichwort: „Es ist gut, wenn du zu spät kommst, aber komm gut". Nach den Schwerpunkten Latifs gefragt, insbesondere in der Verkehrsinfrastruktur, verweist dieser auf die Anbindung Kunduz an die afghanische Ringstraße; diese würde von den Chinesen gebaut; die Vermessung sei abgeschlossen, ein Maschinenpark sei bereits nach Kunduz gebracht worden; dieser Sachverhalt entzog sich unserer Kenntnis. Zum zweiten sei der Ausbau des Flughafens wichtig, u.a. sollten Hadsch-Reisende von Kunduz aus fliegen können; bisher wäre das nur von Kabul und Mazar-e-Sharif aus möglich.

Das Gespräch mit Polzeichef Gullam dreht sich mit Masse um die Drogenproblematik. Gullam meint, man müsse das System der Loyalität zu Kommandeuren durchbrechen. Diese wären die Anstifter zum Drogenanbau und würden die Labore und den Schmuggel betreiben. Polizisten würden Kommandeurfahrzeuge, große Allradfahrzeuge mit abgedunkelten Scheiben, nicht kontrollieren, weil sie mit Gewaltaktionen rechnen würden. Zudem sei auch die Ausbildung der Polizei nicht ausreichend. Er hätte in der Provinz etwas mehr als 1000 Polizeibeamte, von denen aber nur wenige (10?) eine Ausbildung hätten. Auf die Initiative der gemeinsamen Patrouillen angesprochen, erwiderte er, erst wenn die Amerikaner weg seien, würde er so etwas als gut empfinden.

In der Nachbesprechung erläutere ich dem Befehlshaber, dass ich, ohne entsprechende Ausbildung der afghanischen Polizei, keine gemeinsamen Patrouillen in Erwägung ziehen würde. Bei gemeinsamen Patrouillen würde PRT-Personal sehr rasch in afghanische Angelegenheiten involviert werden, die zuvorderst durch afghanische Sicherheitskräfte gelöst werden müssten nach dem Motto: „Afghanen werden von Afghanen geschubst". Zudem sei die Polizei mit einem schlechten Ruf versehen, der abfärben würde. Davon ausgenommen seien gemeinsame Sicherheitsbegehungen mit verantwortlichen afghanischen Führern vor Ort zur Identifizierung sicherheitsempfindlicher Punkte.

Auch können eigene, unabhängige PRT-Patrouillen angedacht werden, die ein Auge auf die Qualität der Polizeiarbeit haben könnten, nicht aber anstelle der afghanischen Polizei agieren dürften. Unter allen Umständen muss aber das Gefühl der „Besatzung" verhindert werden.

Gullam gibt sich sehr offen, regelrecht staatsmännisch, kaum ein Vergleich zu seinem sonstigen, leicht bäuerlichen Auftreten. Seine Ansichten erscheinen grundsätzlich vernünftig, jedoch ohne Anspruch auf rasche Umsetzung.

Bei den Gesprächen drängte sich aber stets der Verdacht auf, dass die Übersetzung die angesprochenen Sachverhalte etwas großzügiger auslegen würde. Auch die Nachbesprechung war weniger tiefgründig. Mein Unbehagen und das des Herrn Stöckl-Stillfried teile ich dem Befehlshaber auf der kurzen Fahrt zwischen Feldlager und Flugplatz mit. Zusammenfassend ein unspektakulärer Besuch, der doch etwas von Substanz hatte und sich nicht nur im Austausch von Höflichkeiten erging. Übrigens, im Besprechungsraum hing nur ein Bild von Karzai.

Der Befehlshaber bleibt über Nacht. Auch der 24.12. präsentierte sich im strahlenden Sonnenschein. Wir schließen den Feldlager-Rundgang ab und besuchen die NGO Katachel e.V. Zurück im Feldlager trinken wir Kaffee und feiern einen Gottesdienst, wobei der Organist Winkelmann ob seiner musikalischen Leistung in den „Bierverschiss" geschickt wird. Ich sage einige Worte, der Befehlshaber wünscht uns frohe Weihnachten und verleiht meinem US-Kameraden LTC Fred Tawes das Ehrenkreuz der Bundeswehr in Silber. Dann fährt der Befehlshaber zum Flughafen für den Rückflug nach Deutschland, meine Weihnachtsurlauber mit an Bord.

Zurück bleiben seine Übersetzerin und landeskundliche Beraterin. Mit dieser führe ich eine angeregte Aussprache, wobei wir vereinbaren, dass sie in der Zeit ihrer Anwesenheit interkulturell beratend bei Operativer Information und Presse tätig sein könne. Auf ihre Frage, was ich in Angelegenheiten Frauen und Kinder machen würde, verwies ich auf das landwirtschaftlich-konservativ geprägte Umfeld. Ich wolle erst die Befähigung zur Meinungsbildung und Meinungsäußerung installieren und ausprägen (Zeitung, Rundfunk, Fernsehen) und die Gleichstellung der Frau hieraus erwachsen lassen. Kinder müssten bereits jetzt als die Zukunft Afghanistans adressiert werden, die gleich, ob Bub oder

Mädel, Ausbildung erhalten und ohne Einschränkung ihren Beruf wählen können müssen. Wir einigen uns auf eine friedliche Koexistenz.

Ich gehe ausgiebig duschen und herrichten für die Weihnachtsfeier. Ab 1900 Uhr gibt es Essen, danach ein paar Worte durch mich und den Pfarrer gefolgt von einer Bescherung durch den Spieß und HG Köster als Weihnachtsmann – er hat auch noch Geburtstag heute – und TVB Mauritz als Weihnachtselfen. Es gibt Rouladen, Blaukraut und Knödel, dazu eine Halbe Bier. Es war sehr weihnachtlich und heimatlich. Danach eröffnen wir das Betreuungszelt, da gibt es noch mal eine Halbe Bier.

OStFw Venzl geht es nicht so gut; er hat sich wohl den Magen verknackst. Ich habe ihm eine Wärmflasche gemacht und etwas Bärwurz eingeflößt.

26.12.2003

Wolken am Himmel; nicht zu kalt.

Gestern Nachmittag im kleinen Führungskreis unsere Position zu gemeinsamen Patrouillen und zur Einrichtung von *outposts* erläutert. Ich muss sichergehen, dass sowohl bei der Abfassung schriftlicher Befehle, insbesondere aber in Gesprächen außerhalb des PRT unser Ansatz klar und verständlich dargestellt wird. Manchmal gewinne ich den Eindruck, dass das alles für Soldaten zu kompliziert ist. So richtig warm werden mit unserem Auftrag tun nur wenige. Zu den wenigen gehört das *rat pack,* bestehend aus dem LKB Tappe, der PM Bullwinkel und der J5/CIMIC Erben. Mit diesem Trio wie auch mit Herrn Stöckl-Stillfried kann ich Ideen herumwälzen. Das schmälert aber nicht das Engagement der Truppe, deren Aufgabe es sicher nicht ist, sich mit konzeptionellen Angelegenheiten zu befassen, sondern solide und zuverlässig den militärischen Auftrag auszuführen und dabei überlegt und einfallsreich vorzugehen.

Ich bin gespannt, was unser Befehlshaber mit dem anstehenden Kommandowechsel so kurz vor dem Ministerbesuch macht. Eigentlich würden sich Herr Stöckl-Stillfried und ich schon freuen, wenn wir das PRT dem Minister vorstellen könnten; ist es doch unser Baby. Zudem würde es mehr Zeit für eine geordnete Übergabe, einschließlich der wichtigen

Antrittsbesuche, geben. Meine Vorstellung, die ich mit Stöckl-Stillfried teile, ist, dass wir zwei gemeinsam die beiden Neuen einführen. Nur so kann ein kontinuierlicher Übergang, wenn es ihn überhaupt geben kann, sichergestellt werden. Das würde bedeuten, dass ich eine Woche länger mache. Mal sehen. Wenn nicht, kann man auch nichts machen.

Anruf Graf Strachwitz, Kommandoübergabe (TOA) aufgrund schlechter Flugbedingungen am 31.12., diesen Termin kann aber der Befehlshaber nicht wahrnehmen.

Im Rahmen meines Routinebesuches führe ich mit dem Mawlana eine interessante Unterhaltung. Zuerst über Winter, dann über Krankenhäuser, dann über Religion und Staat. Ich frage, woher die Aussage „Suchst du den Tod, dann geh' nach Kunduz" käme. Er erläutert, vor etwa 60 Jahren sei hier noch viel Wald gewesen, es hätte viele wilde Tiere gegeben, in erster Linie aber Fliegen. Die ärztliche Versorgung wäre nicht gegeben und deshalb sei die Sterblichkeitsrate auch sehr hoch gewesen. Nette Geschichte, auch glaubhaft. Aufgrund der Nähe zum Fluss, den Reisfeldern, aber ohne Wald mag hier die Malariafliege eine tolle Heimat vorfinden. So haben wir wohl eine gute Jahreszeit für unseren Einsatz erwischt; Fliegen fliegen zurzeit jedenfalls nicht.

27.12.2003

Heute Morgen ab vier Uhr auf dem Weg nach Kabul. Treffe um 1700 Uhr COMISAF und ggf. noch andere Generale. Gestern hat es wohl kräftig Aufregung im HQ ISAF gegeben, weil aus unserer OPZ auf die Ankündigung des Eintreffens eines kanadischen Fliegerleittrupp (TACP) zurückkam, sie sollen Zelte und Einsatzverpflegung (EPA) mitbringen und außerdem sich selbst beweglich machen. Mir wurde durch Chef des Stabes (COS) ISAF freundlich klar gemacht, dass der TACP wohl eine zwingende Voraussetzung für den TOA sei. Ich habe zugesagt, die administrative Unterstützung zu gewährleisten, zugleich darauf hingewiesen, dass wir hinsichtlich Unterbringung vorerst sehr beengt seien und deshalb die Unterbringung im Transitzelt vorgesehen sei.

Bei Einsatzführungskommando frage ich an, inwieweit wir für diese Kameraden Fahrzeuge anmieten müssen und wie überhaupt die Zusammenarbeit geregelt sei.

Was mich ärgert, ist der Sachverhalt, dass ich seit Wochen der *US combat ready*-Zertifizierung für unseren Fliegerleitoffizier (FAC) nachlaufe. Alle Versuche bzw. Ansätze versickern im Sand, so dass ich davon ausgehen muss, dass auch gar kein ISAF- Interesse an einem deutschen TACP bestehen würde. Das würde bedeuten, dass auch unser TACP diese Zertifizierung nicht erhalten würde und die Kanadier weiter dableiben. Zudem besteht der Verdacht, dass die Kanadier sich nicht um das tägliche Lufttransportgeschäft kümmern, sondern sich nur für FAC-Aufgaben im Einsatzfall verantwortlich fühlen. Dann müsste ich zwei TACP in Kunduz halten: einen für den Flugbetrieb und einen für Luftnahunterstützung, so man sie braucht und bekommt. Das wäre Vergeudung wertvoller Ressourcen. Das alles will ich heute bei COM ISAF ansprechen.

Abends habe ich ein Gespräch mit dem Fallschirmspezialzug (FschSpezZg). Es geht um den Einsatz der Einsatzleitgruppe (ELG), des Fliegerleitoffiziers (FAC) sowie des Spezialzuges allgemein. Die Orientierungsphase ist noch nicht abgeschlossen. In den Papieren stehen zum Teil andere Dinge, als die ausgebildet und geübt werden. Der Einsatz sei dann wieder etwas anders. Ich mache den Jungs klar, dass dieser – der erste Einsatz für den FschSpezZg – am nächsten dem Auftrag kommt: Nehmen, sichern und betreiben Flugplatz, danach erkunden und aufklären. Gefechtseinsätze wären wohl weniger wahrscheinlich, aber grundsätzlich nicht ausgeschlossen. Sie seien eine wertvolle Ressource, die, sobald der Auftrag erfüllt sei, durch andere Kräfte ersetzt würden. Sie gehören zu den Kräften der ersten Stunde, sind sogenannte *enabler*, welche die Voraussetzung für eine schnelle Anfangsoperation schaffen würden. Das heißt, sie müssen mit einem Führungselement als erste vor Ort sein. Der Zug muss im taktischen Einsatz auf die Führungsleiste gezogen werden. Er ist ein wesentliches Element des Kommandeurs. Die Jungs haben gute Anregungen, die ich sie bat, mir mitzugeben. Ein gutes Gespräch.

Herr Stöckl-Stillfried hat durch den deutschen Botschafter in Kabul nicht die Erlaubnis erhalten, mich nach Kabul zu begleiten. Das ist mehr als ärgerlich.

Meine Gedanken zum Schutz des Feldlagers, dessen Sicherung und Verteidigung:

Unsere afghanischen Wachen sichern das Feldlager nach außen, eigene Kräfte sichern nach innen. Überlege, wie am Standort eine „Stolperdrahtfunktion" eingerichtet werden kann in Form vorgeschobener Beobachtungsposten oder vorgestaffelter Aufklärungskräfte. Wichtig: Bereithalten einer Eingreiftruppe (QRF) für den Einsatz außerhalb des Feldlagers. Vorbereitete Verteidigung nach Vorwarnung, hierzu Schutzbauten einrichten und verstärken und Infrastruktur im Falle des Abrufs von Luftnahunterstützung (CAS) kennzeichnen. Aber können wir es zu einer Verteidigung kommen lassen, haben wir dann schon nicht verloren? Wie würde denn ein Angriff aussehen? Wer ist unsere Kavallerie?

28.12.2003

Gestern trafen wir wie vorgesehen um 14 Uhr in Bagram ein. Um drei im Camp Warehouse, nach vier zum COM ISAF, mit dem wir für 17 Uhr verabredet waren. Gutes, aufschlussreiches Gespräch mit COM ISAF. Ich erläuterte ihm mein Einsatzkonzept, das ich mit Präsenz in der Fläche (*visibility*) und Halten der Verbindung zu relevanten Personen und Gruppen (*networking*) kennzeichne. Das schließt die Einrichtung von Außenposten ein, ebenso die Unterstützung der Zentralregierung beim Transformationsprozess des Sicherheitssektors. Themen sind dabei die Unterstützung des DDR-Prozesses, die Ausbildung der ANA, die Polizeiausbildung und passive Maßnahmen gegen Drogenanbau/-schmuggel. Zu diesen vier Themen trage ich meine Positionen vor und erhalte von COM ISAF dessen Vorstellungen, die in letzter Konsequenz etwas robuster sind als die meinen.

Beim DDR-Prozess sei eine Unterstützung nicht nur auf das *monitoring* begrenzt, sondern könne auch die aktive Entwaffnung der Milizen umfassen.

Für die Ausbildung der ANA bzw. die Identifizierung von Miliz (AMF) Offizieren, die in die ANA überführt werden sollten, wäre *leadership training* anzudenken, weniger taktisch-operative Ausbildung (da teilen wir die Auffassung); er sieht keine gemeinsamen Übungen.

Das Thema ‚gemeinsame Streifen' trage ich vor und empfehle vorerst davon abzusehen, weil die Polizei nicht ausgebildet sei und einen schlechten Ruf habe, so dass wir uns nicht zu sehr in die

Aufrechterhaltung der Sicherheit durch schlechte Polizeibeamte einbinden lassen sollten. Ich schlage vor: Sicherheitsbegehungen auf höherer Ebene, Polizeiausbildung und danach Patrouillieren eigener Kräfte zur Überprüfung der Polizeiarbeit. COM ISAF teilt diese Auffassung; bis zur Polizeiausbildung sieht danach allerdings die Möglichkeit, gemeinsam zu patrouillieren.

Letztlich verweise ich auf unser Mandat und den Einsatzbefehl, der offensive Maßnahmen gegen Terrorismus und gegen Drogenanbau/-schmuggel nicht vorsieht.

Ich erläutere meinen Ansatz, durch Präsenz in der Fläche und Überwachung die Bewegungsfreiheit von Drogenschmugglern einzugrenzen und die Information zu verdichten. Er teilt diese Auffassung, schließt aber nicht aus, dass auch aktive Maßnahmen, sofern sich eine günstige Gelegenheit dazu ergibt, ergriffen werden könnten.

Am hinteren Ende ist COMISAF robuster, er schöpft aus, was das Mandat hergibt, was sich aber auch aus dem ständigen Druck ergeben kann. Es wäre nicht das erste Mal, wenn der Wortlaut des Mandats breiter interpretiert werden würde.

Ich erläutere COMISAF die Lage, wie sie sich aus Kunduz-Sicht darstellt. Ebenso erläutere ich die eigene Lage. Dabei verweise ich auf unseren Willen, ISAF unterstellt und multinational zu werden. Ich beschreibe die zurzeit angespannte Unterbringungssituation sowie den kleinen Stab, der mit dem von ISAF geforderten und sehr umfangreichen Berichtswesen zu kämpfen hat. Wir müssten dort hineinwachsen.

COMISAF drückt sein Verständnis aus, meint aber, dass das nationale *reporting* zurückgeschnitten werden müsse. Das Einsatzführungskommando sei mit Unterstellung unter ISAF nur noch nationaler *force provider;* die Operationen würden von ISAF kontrolliert, deshalb sei der Schwerpunkt des Berichtswesens auch bei ISAF zu sehen.

Ich spreche in aller Deutlichkeit die FAC-Situation an, die COMISAF so wohl nicht bekannt war. Er bezieht sich auf das traurige Bild, das die Bereitstellung des deutschen TACP abgibt. Ihm war nicht bekannt, dass wir zwei FAC haben, denen nur die *US combar ready* (USCR) Zertifizierung abgeht. Ich habe dieses Thema auch mit dem kanadischen COS ISAF (General Craig Nelson) angesprochen. Der kanadische TACP soll am 29.12. kommen; wir werden sehen, was unsere Männer machen. Es muss bestätigt werden, dass diese ihr Handwerk verstehen, wir unsere Jungs nach Kabul schicken und zertifizieren lassen.

COS ISAF bittet einen Lageabgleich herzustellen, was ich zusage und auf LKB Major Tappe verweise, der ihn eingehend einweisen könne. Ein insgesamt gutes Gespräch. Wir waren uns einig, dass die TOA-Zeremonie doch bedeutsam wäre, würde doch ISAF mit Übernahme des PRT KUNDUZ zum ersten Mal über den Hindukusch gehen und seinen Verantwortungsbereich dabei erheblich vergrößern.

COM ISAF fragt noch, was er mit General Daud besprechen solle, wenn er diesen am morgigen Tag im Rahmen des TOA treffen würde. Ich verweis auf die gute Kooperation in Sachen LJ (Loya Jirga), Sicherheit und Flugplatz Kunduz, auf das Thema Ausbildung und auf die Erweiterung des ISAF-Gebietes, die General Daud im Gespräch mit Herrn Stanzl vom Auswärtigen Amt selbst angeregt hätte (Stichwort: Öltropfen auf Wasser). Das Thema ‚gemeinsame Patrouillen‘ könnte angesprochen werden und Dauds Idee, dass neben jedem Afghanen ein Deutscher stehen solle, so dass beide voneinander lernen können. So gut die Idee klingen würde, so sehr würden wir allerdings unsere Kräfte binden und unter Dauds Kontrolle bringen. Ich rate davon ab.

Ach ja, COM ISAF hatte, so bemerkte er eingangs, kurz vorher ein Gespräch mit Botschafter Eberle gehabt, der ihm nicht mitgeteilt habe, dass er Herrn Stöckl-Stillfried die Reise nach Kabul nicht zugesagt hätte. COM ISAF war deshalb erstaunt, dass Herr Stöckl-Stillfried nicht mit dabei war.

Am 28.12.2003 morgens um 10 Uhr habe ich einen Gesprächstermin mit General Dostum in seinem Gästehaus in Kabul. Das Gespräch dauerte knappe zwei Stunden. Es waren dabei Major Tappe, ein Übersetzer von General Dostum und ein anderer Herr, der zum persönlichen Stab des Generals gehörte. Der Raum war afghanisch eingerichtet, drei Satellitentelefone auf einer Konsole neben dem Sessel, das Fernsehgerät lief mit der Berichterstattung zur CLJ.

General Dostum, eine stiernackige Erscheinung, kurzes Igelhaar, Schnauzbart, dicke gequollene Augenlider, die nur einen schmalen Schlitz sichtbar lassen, gehörig verschlafend wirkend, muss wohl am Abend vorher getrunken haben. Er empfängt uns in landestypischer Kleidung, einen Mantel übergezogen und eine Bet-Kette in der Hand.

Seine Hände sind erstaunlich schlank, insbesondere seine Fingernägel sind schmal und korrespondieren nicht mit seinem grobschlächtigen Äußeren. Er wirkt älter als er ist. Er spricht aber auch geradeaus, wenig verschnörkelt, nicht gestelzt, ohne Effekthascherei, dadurch natürlich und glaubwürdig.

Er entschuldigt sich für das verpasste Treffen anlässlich meines Besuches in Mazar-e-Sharif; ich erläuterte die Hintergründe aus meiner Sicht.

Er verleiht seiner Freude Ausdruck, mit uns zu sprechen. Er hebt hervor, dass wir beide Militärs seien und deshalb die gleiche Sprache sprechen und verstehen würden. Er erzählt aus seiner Sicht den für ihn erfolgreichen Kampf gegen die Taliban. Er unterstreicht seine Rolle in der Nordallianz und dass es seine Panzer waren, die den entscheidenden Schlag geführt hätten. Er verweist auch darauf, dass es seine Panzer waren, die Massoud nach Kabul geführt hätten.

Er erläutert, dass er für die Ereignisse nördlich Mazar-e-Sharif eine Erklärung hätte. Der Gefangennahme und Tötung der Taliban, in den Containern eingesperrt bei sengender Hitze, sei ein Angriff und ein Anschlag auf sein Leben vorausgegangen. Da er nicht vor Ort war - er wäre zum fraglichen Zeitpunkt in Kunduz gewesen - sei einer seiner Generale, der ihm ähnlich sah, getötet worden. Die daraufhin getroffenen Maßnahmen bezeichnet er als Verteidigungsmaßnahmen.

Feinde Afghanistans gäbe es immer noch. Deshalb müsse eine Entwaffnung, wie im DDR- und im Heavy Weapons Cantonment (HWC)-Programm angedacht, geordnet vor sich gehen. Die in Mazar-e-Sharif durch das UK-PRT eingerichteten *cantonment sites* würden die Realitäten nicht beachten. Aus seiner Sicht sei das Kräfteverhältnis in der gesamten Nordregion zu betrachten. Wenn er also Waffen abgeben müsse, dann müsste gleichermaßen auch General Daud Waffen abgeben. Das sei bisher aber überhaupt nicht erkennbar. Da er stets bereit sein müsse, den Kampf gegen die Feinde Afghanistans wieder aufnehmen zu können, würde er keinen Sinn in der Abgabe von Waffen sehen.

Er unterstreicht seine Bereitschaft, wenn von der Zentralregierung gerufen, jederzeit den Kampf gegen die Taliban im Osten und Südosten aufzunehmen und erfolgreich zu Ende zu führen. Er bräuchte hierzu nur ca. 20.000 Mann.

Ich konfrontiere ihn mit dem Vorwurf General Dauds, wonach er die Divisionskommandeure des VI. AMF Korps bestechen und abwerben würde. Er lacht und meint, dass dieses gar nicht nötig sei, da die Masse von Dauds Kommandeuren sowieso ihm, Dostum, zugeneigt sei. Er lädt mich in seine Heimat nach Sherberghan ein; beim dortigen Buzkashi-Spiel würde ich schon sehen, wer von den Kommandeuren - auch aus dem VI. Korps - auf seiner Seite stehen würde.

Er begrüßt die CLJ, unterstreicht deren Bedeutung für Afghanistan. Er macht auch deutlich, dass er sich für die Usbeken im Lande verantwortlich fühle und ihnen helfen werde, ihre Interessen angemessen zu vertreten.

Dostum fühlt sich als Retter Afghanistans, dem die Anerkennung versagt bleibt. Zugleich versucht er sich vom Vorwurf der Kriegsverbrechen reinzuwaschen. Er sucht die militärische Anerkennung. Er ist auch wohl der einzige echte Militär. Er hat eigentlich keine politischen Ambitionen, ganz im Gegensatz zu Daud. Er hat auch keine geschäftlichen Ambitionen ganz im Gegensatz zu Atta. Dieser spielt in seinen gesamten Ausführungen keine Rolle, was auch zeigen mag, dass er sich auf der Ebene des Kalibers Daud stehend betrachtet. Dostum bleibt aufgrund seines einfachen Ansatzes und seiner Bereitschaft, Probleme mit Waffengewalt zu lösen, ein Unsicherheitsfaktor, der möglichst bald eingebunden werden sollte. Weiterer Kontakt zu Dostum verbietet sich bis auf weiteres, bewegt er sich doch im Verantwortungsbereich des UK-PRT.

31.12.2003

Letzter Tag im Jahr, Zeit zur Rückschau und um nach vorne zu blicken. Zuerst die Rückschau auf die letzten zwei Tage, die, recht verregnet, in erster Linie durch die Vorbereitungen auf die heute vorgesehene TOA-Zeremonie unter COMISAF geprägt waren.

TOA war feierlich für den 31. Dezember vorgesehen, das Wetter spielte allerdings nicht mit. Deshalb erfolgte die kurzfristige Absage der Feier, die jedoch nicht alle Delegationen erreichte. So erschienen prompt die Delegationen aus Baghlan und, verspätet, die aus Taqhar. Dazu noch ein paar andere, die wir nicht informieren konnten. Wir luden die Gäste in das renovierte Civil-Military Operation

Coordination (CMOC) Office - künftig PRT-Office - ein, tauschten ein paar Höflichkeiten aus und wünschten uns ein gutes neues Jahr. War ganz gut, wie wir die Kuh vom Eis brachten, zeigt aber auch die Probleme mit dieser Art von Einladungen, die am Erscheinen von Gästen festgemacht wird, die mit einem Flugzeug anreisen.

01.01.2004

Neujahr - es ist spät geworden nach der Silvesternacht. Das war ein unterhaltsames Fest, so richtig für uns alle. Launische Moderation durch OpInfo, Zauberer OTL Hacker, „The Flying Burkas" auch durch OpInfo, Major Schröder als „Local", die Pioniere mit einem „Starke-Männer Parcour". Dazu gab es viel Musik und Bier. Das war ein schönes Fest zum Jahreswechsel.

Mit der Unterstellung unter ISAF verlieren wir vermutlich unsere Bewegungsfreiheit außerhalb des zugewiesenen Operationsgebietes. Im Auftrag stehen auch einige neue Aufgaben, die umzusetzen sind. Ansonsten, glaube ich, kommen wir mit unserem Konzept gut hin. Das weitere Vorgehen mit der Einrichtung eines PRT *main* in Kunduz und PRT *sections* in den anderen Provinzen ist akzeptiert und wird angegangen. Was wir allerdings brauchen, ist mehr Analysekapazität, um all die Informationen, die aufkommen, miteinander verbinden zu können. Da muss ich noch einen Blick in den Aufbau des Stabes werfen; im Bereich Nachrichtenwesen sind wir schwach auf der Brust.

Gespräch mit dem zivilen Flughafendirektor; der wurde vom stellvertretenden Innenminister aufgefordert, zu uns zu kommen, weil wir am Flughafen etwas machen würden. Die *runway* wollen wir aber nicht verlängern; vielleicht setzen wir das Flughafengebäude instand. Da müssen wir mal feststellen, ob wir so etwas wie einen Aufenthaltsraum, Abfertigungsschalter und Toiletten brauchen könnten.

03.01.2004

Gestern traf der Chef des Stabes Einsatzführungskommando, Brigadegeneral Hogrefe, ein. Ein angenehmer Besuch mit Feldlagerrundgang und Besichtigung des für den Neubau des Feldlagers voraussichtlich anmietbaren Grundstücks.

Heute nahmen wir vormittags einen Termin an der Mädchenschule wahr, der sich aber als um einen Tag verfrüht herausstellte. Also, auf ein Neues morgen. Dabei sollen einige Mädchen mit einem Bestpreis ausgezeichnet werden, was die Übergabe von jeweils drei Meter Stoff für ein Kleid beinhaltet; nette Geste. Am Nachmittag fahren wir die Evakuierungsroute bis zur tajikischen Grenze ab. Dort nehmen wir den englischsprechenden Grenzpolizisten auf, der uns schon beim letzten Besuch behilflich war. Mit diesem gehen wir an die Grenze, die von Latifs Männern kontrolliert wird, die den ausgebildeten, allerdings unbewaffneten offiziellen Grenzpolizisten den Zugang zur Grenze verwehren. So beschreibt unser Führer die Situation. Die Ausbildung von ca. 1000 Grenzpolizisten erfolgte in Kabul, danach wurden sie auf die Grenzübergänge verteilt. In Shir Khan seien 100 Mann, davon 50% in Kabul; gehe davon aus, dass die Jungs in Schicht arbeiten. Beobachten zudem Hundeausbildung. Die Straßen entlang stehen Wachposten an drei Stellen. Der mittlere macht den Eindruck, als wäre er unterirdisch angelegt; sollte mal überprüft werden.

Der Leitende Sanitätsoffizier (LSO) meldet eine grottenschlechte Wasserqualität. Deshalb schlägt er vor, von Hand zu chlorieren. Da laufen wir alle wieder mit roten Augen rum. Morgen will er messen und zugleich über das Einsatzführungskommando die Unterstützung mit einer Chloranlage anfordern. Sollte sich mit handchlorieren der geforderte Wert >0,3 nicht erreichen lassen, sind die Sanitärcontainer zu sperren und wir müssen auf die alten US-Anlagen zurückgreifen.

Untersuchung des Generals Miralam in unserem Rettungszentrum wegen Herzproblemen wird genehmigt.

Zwischenzeitlich heißt es, die auf deutschem Wunsch am 7. Januar angesetzte TOA-Feier muss wegen des zu erwartenden schlechten Wetters auf den 6. Januar vorverlegt werden und wenn das nicht klappt, muss sie bereits am 5. Januar stattfinden. Wie soll man bei so einer Organisation Gäste einladen. Jetzt heißt es, der 6. Januar sei fest, nur noch nicht die Uhrzeit. Brigadegeneral Hogrefe entschließt sich deshalb, nach Rücksprache mit dem Einsatzführungskommando, vor Ort zu bleiben, weil auch der Stellvertreter Einsatzführungskommando, Generalmajor Dora, bis zu einem der für den TOA angegebenen Tage keine Chance mehr hätte, nach Kunduz zu kommen.

05.01.2004

Keine Fortschritte im TACP/FAC-Problem.

Unsere Absicht ...*that by the end of June 2004 the AOO is covered by PRT main KONDUZ and three installed PRT sections....*

Für den 2. Januar war eine Operation durch britische Kräfte in der Umgebung von Feyzabad gegen ein Drogenlabor angekündigt. Als Verantwortliche für diese Provinz wurden wir angefragt, ob wir etwas dagegen hätten. Dieses verneinte ich, forderte allerdings einen *after action report*, um die Auswirkungen dieser Operation zu kennen und daraus ableiten zu können, wie wir uns künftig gegenüber Vertretern aus Badakhshan verhalten müssen.

Zu meinem Erstaunen fand ich bei der Abholung des Chefs des Stabes Einsatzführungskommando am Flugplatz Kunduz eine britische C-130 in Parkposition vor. Ich konnte mich dieser Maschine nicht nähern, weil ich vorher durch ein britisches Besatzungsmitglied abgefangen wurde. Dieses sagte mir, dass sie Spezialkräfte für eine *counter drug operation* in Feyzabad abgeliefert hätten, um sie nach Ende der Operation dort wieder aufzunehmen. Gestern Nachmittag dann, während zweier Sicherheitsbesprechungen kolportierte Sergey von UNAMA die Gerüchte, wonach bei den Luftschlägen deutsche Flugzeuge beteiligt gewesen wären. Mir stellt sich die Frage, woher Sergey seine Information hatte. Information dieser Art sollten nicht an die UN weitergegeben werden. Damit stellt UNAMA einen Zusammenhang zwischen dem deutschen PRT und dem Beginn der Drogenbekämpfung her, der nicht zutreffend ist; das macht fürs Erste unsere Situation nicht einfacher. Heute nun wird uns in einem Telefonanruf aus der deutschen Nachrichtenzelle (GENIC) in Kabul mitgeteilt, dass die Operation in Feyzabad in deutschen Uniformen durchgeführt worden sei, so sagen die Berichte von Augenzeugen. Näheres könne man uns aber nicht sagen, weil die Information aus einem abgehörten Telefongespräch stammen würde. Ich stelle mir die Frage, was da abgelaufen ist und welche Auswirkungen das auf uns hat. Mal schauen, was dabei rauskommt.

On 3 January ANA and coalition forces landed in FEYZABAD and joined three trucks with police/military, which had arrived the same day by road and travelled 15 km east of FEYZABAD towards BAHAREK. The forces surrounded the local drug laboratory and arrested the people inside when they refused to

120

surrender. The coalition forces set the laboratory on fire and finally called in jet fighters to strike the site. The operation took place under the overall responsibility of the AFG Ministry of Interior through the deployment of its counter-narcotics troops supported by UK.

The German PRT was not involved in this operation, although the operation has taken place within its AOO. The PRT was notified, however, did not get operational details, such as the stop-over of the aircraft at KONDUZ airfield or the employment of fighter aircraft.

We need to keep in mind that the more ISAF extends its AOOs beyond the KABUL area, the more the need to coordinate the two (or even more) operations that are going on in this country. This coordination requires a system of who and when to issue warning orders to whom. Otherwise people of PRTs, GOs and NGOs might interfere with operations.

Heute Morgen wurde ich mit dem Gerücht vertraut gemacht, wonach die Männer von Luftlandebrigade 31 wegen mangelnden Sprachleistungsprofils durch Männer von Luftlandebrigade 26 abgelöst würden, weil doch die Personaler so lange an der SBL und SLP gearbeitet hätten; solch hanebüchener Unfug wird verbreitet. Wir arbeiten mit Hochdruck an der SBL des Folgekontingents und für die Truppenstellerkonferenz im Januar 2004. Hierbei kommt es darauf an, das Kontingent auf etwa 230 Personen+ 20 zu begrenzen, davon ausgehend, dass die neue Infrastruktur noch nicht steht und weiter im bisherigen Feldlager gehaust werden muss. Die gesamte Unterbringungskapazität soll auf 300 ausgebaut werden unter Anmietung eines weiteren angrenzenden Grundstücks. Die 300 sollen aber nicht voll ausgereizt werden. In Rechnung zu stellen zu den 250 deutschen und den Truppen anderer Nationen sind noch bis zu 30 zivile Mitarbeiter. Der Rest müsste Reserve bleiben. Der zusätzliche Grundstücksanteil erlaubt es auch, Sanitärcontainer einzubringen und für deren Entsorgung anzufahren.

Hinsichtlich des Grundstücks für den Neubau auf der Hochfläche am Stadtrand ergeben sich wiederum neue Perspektiven. Angeblich sei jetzt doch das Grundstück bis zum Buzkashi-Feld erhältlich; wir werden es sehen.

Wir werden informiert, dass Kern-Taliban in Kunduz einen Selbstmordanschlag Ende Januar 2004 mit einem mit Sprengstoff beladenen Lastwagen planen würden. Zudem wären Motorräder und

Polizeiuniformen für Selbstmordattentate beschafft worden. Genaue Angaben über Zeit und Ziele lägen nicht vor. Anweisung für Wachsamkeit wie bisher und Einhalten der *Force Protection Rules*.

06.01.2004

Am Drei-Königstag findet nun endlich die Zeremonie zur Übergabe des PRT an ISAF statt – und sie hat auch stattgefunden.

Ankunft der Generale Barno (CJTF180) und Gliemeroth (ISAF) mit C-130 aus Kabul. Am Flugfeld salutierte eine Ehrengarde der afghanischen Polizei. Die waren wohl hingestellt worden, weil auch der Stellvertreter des afghanischen Innenministers mit auf der Maschine war. Um den zu begrüßen, waren alle Polizeichefs aufgefahren. Als sich die Kolonne in Richtung Stadt bewegte, wurde sie auf dem Weg nach Kunduz-Stadt durch den Gouverneur Latif und seinem Chef Nachrichtendienst abgefangen und aufgehalten, damit sie ihre Aufwartung machen können; ein übliches Verhalten in diesem Land zur Ehrung wichtiger Personen und Würdenträger.

Entlang des gesamten Weges, den die Kolonne nahm, waren Polizisten aufgestellt, im Abstand von 50 bis 100 Metern, der eine mit Kalaschnikow, der andere mit Maschinengewehr und wieder andere mit Panzerfaust (RPG 7); eine bunte Truppe.

Trotz des ganzen Zirkus war es eine zügige Fahrt zum Feldlager. Die Würdenträger hatten nach Ankunft Zeit, herumzustehen und sich zu unterhalten. Die TOA-Zeremonie selbst war für hiesige Verhältnisse und fünf Rednern noch brauchbar kurz, nur 75 Minuten musste ich stehen und ab und zu kommandieren. Gottseidank mussten alle Besucher bereits um 1245 Uhr zurück zum Flugplatz sein. Dort wieder großer Auflauf mit Ehrengarde für den Stellvertreter Innenminister. COM CJTF 180, Generalleutnant Barno, sagt mir noch, dass er ein US-Team in das PRT senden werde. Das nahm ich zum Anlass, Fred Tawes zu fragen, wann sein „out" sei. Er würde am 8. Januar nach Bagram fliegen und dort dafür werben, dass aus dem alten Team das künftige Verbindungselement bestehen sollte. Ich sagte ihm zu, Haus 8 im Hof B für die US-Kameraden frei zu halten.

07.01.2004

LKB Tappe und Herr Stöckl-Stillfried sprechen mit Sergey von UN-AMA. Sie müssen ihm klarmachen, dass seine Informationsstrategie zum Chaos führt. Er wäre gut beraten gewesen, wenn er die regelmäßigen Sicherheitstreffen mit uns vorher abgesprochen hätte. Er sitzt nämlich dabei nicht im Fahrersitz, sondern Daud. Ich soll nach ISAF-Befehl ein hochrangiges Sicherheitstreffen einrichten und diesem vorsitzen. Damit treten wir in Konkurrenz zu UNAMA. Das sollten wir einvernehmlich regeln. Auch die unglaubliche Verbreitung von Bazaar-Gerüchten über die Feyzabad-Operation war nicht wohlüberlegt. Hier gibt es einige Scherben zu kitten.

08.01.2004

Gestern war der Tag für Büroarbeiten und Gespräche; so mit Hauptmann Milani u.a. zur Rückverlegung des Fallschirmspezialzuges. Diesen nehmen wir, nach Abschluss der Erkundungsaufträge, am 28. Januar 2004 heraus. Die Einsatz Leitgruppe (ELG) ebenso, allerdings abhängig von einer Antwort durch die Luftwaffe, was sie an Information für das Anfliegen und Landen am Flugplatz Kunduz braucht.

Gemäß Liste stehen acht Wiesel auf Abruf; wann wollen wir sie holen? Vielleicht ist es aber besser, die Wiesel gar nicht zu holen und dafür Fußgänger. Die Wiesel haben Feuerkraft, das mag gut sein für einen guten ersten Eindruck, das ist es aber auch schon. Was wir brauchen, ist „man power" (*boots on the ground*) insbesondere für *escort* Aufgaben entsprechend unserer *force protection rules*. Was machen wir mit den Vertretern des zivilen Anteils des PRT? Ich muss insbesondere bei diesen Personen auf die Einhaltung der *force protection rules* bestehen; auch deren Fahrzeuge müssen bewacht werden. Wenn ich hierzu nur die afghanische Wache einsetze, dann können sie keinen normalen Wachdienst mehr machen. Wenn ich die Anzahl der Wachen erhöhe, dann reicht die Unterbringungskapazität nicht aus. Wo sollte erweitert werden?

Wir müssen also Bewegungen draußen herunterfahren. Ich kann keinen Einzelfahrzeugverkehr zulassen, weil sonst Gott und die Welt auf der Straße und in der Stadt sind. Es ist dann nur eine Frage der Zeit, bis es zum ersten Unfall, zur ersten Verletzung religiöser Gefühle, etc.

kommt. Dabei würde ich auch Übergriffe nicht ausschließen. Das alles gilt es zu verhindern, weil wir sonst den Respekt der Bevölkerung verlieren. Wir sind doch so etwas wie Schutzengel für sie, wir geben ihnen die Hand beim Überqueren der Übergangsstraße und machen Dinge wieder gut.

Also, die Anzahl der uniformierten Fußgänger muss erhöht werden, wenn der Fallschirmspezialzug draußen ist. Ich brauche geschützte Wölfe und Mungos für die QRF.

Ich ändere den Tagesablauf, die Männer müssen meine Stimme hören, deshalb hat der Chef des Stabes die Morgenlage und ich sitze der Abendlage vor. Dabei lehne ich Powerpoint-Präsentationen ab; deren Erstellung frisst zu viel Zeit. Sie können kaum regelmäßig aktuell gehalten werden und bereichern deshalb nur unmaßgeblich den mündlichen Vortrag.

Heute Gespräch mit dem Gouverneur Taqhar und dem Bürgermeister von Taloqan zum Einrichten eines mobilen, später stationären PRT-Außenpostens; dabei Vorstellen von Major Wilhelm als dem designierten Leiter dieses künftigen Außenpostens. Auch bestand die Gelegenheit, den Nachfolger des Herrn Stöckl-Stillfried als Vertreter AA und ziviler Leiter des PRT, Herrn Wegener, vorzustellen.

Der kleine Führungskreis befasst sich mit *emergency planning*. Der Gedanke, dass wir uns in einer Festung einigeln, ist abwegig. Sollte es soweit kommen, haben wir bereits verloren; denn wer sollte dann die leichte Kavallerie darstellen und uns raushauen?

Wir müssen also beginnen, unsere Fähigkeiten zum Herstellen einer *situational awareness* zu verbessern und rote Linien zur Auslösung notwendiger Maßnahmen setzen zu können. Dann müssen wir die Fähigkeit erwerben, Verstärkungskräfte abzurufen und aufzunehmen sowie Luftunterstützung anzufordern und zu lenken. Schließlich müssen wir Vorbereitungen treffen, um Kräfte/Schutzbefohlene evakuieren bzw. extrahieren zu können.

Anruf Einsatzführungskommando: ich soll nach Brüssel reisen und am 21. Januar vor dem Militärausschuss (MC) und dem Nordatlantikrat (NAC) zum deutschen PRT-Projekt vortragen; nicht schlecht.

11.01.2004

16 Uhr Treffen mit Sergey von UNAMA hinsichtlich der Regelung einer künftigen Zusammenarbeit. Sergey vertritt eine wenig transparente Position uns gegenüber; so hat er unseren Provost Marshall aus dem Sonntagsmeeting der UN-Agenturen rausgeworfen, an dem dieser gewöhnlich teilnahm; er meinte, er hätte Weisung dazu. Er bot an, dass der zivile PRT-Vertreter herzlich eingeladen sei, was von diesem abgelehnt wurde. Ich sagte, dass ich dann ein eigenes Meeting mit den bekannten Teilnehmern in das PRT einberufen würde. Sergey sagte zu, seine Entscheidung noch mal zu überprüfen. Haben Routinemeeting mit dem militärischen Verbindungsoffizier der UNAMA für zweimal die Woche vereinbart. Werden uns am 17. Januar nachmittags nochmals treffen, um das PRT und den deutschen Ansatz vorzustellen. Die direkte Fernmelde-Anbindung war noch kein Thema.

12.01.2004

Telefonische Meldung über den Fund einer 82mm Mörsergranate nahe beim Swimmingpool bei den afghanischen Toiletten im Feldlager.

Heute Fahrt nach Dushanbe, um Absprachen mit tajikischen Behörden für die Eventualplanung einer Evakuierungsoperation zu treffen. Leiter der Delegation ist Herr Stöckl-Stillfried, der auch die Besprechungen durch die Deutsche Botschaft Dushanbe arrangiert hat. Zudem sind dabei der LKB Tappe, der Kompaniechef der Schutzkompanie Milani und das CPT.

Das Übersetzen über den Grenzfluss ist eine Prozedur, wobei die Warte-, Fahr- und Einreiseformalitäten mehr als vier Stunden in Anspruch nehmen. Die Fähre ist nicht am afghanischen Ufer festgemacht, sondern vom tajikischen Ufer abzurufen. Die Fähre besteht aus einem Schwimmkahn – ein riesiger Ponton – und einem Schleppboot, beide in einem technisch verwahrlosten Zustand. Sie kann nur vom offiziell bestallten Fährpersonal betrieben werden. Der Fährbetrieb findet nur bei Tageslicht statt, weil die Fährstellen weder markiert noch vorbereitet sind. Der Schwimmponton wird durch Bewegung der darauf befindlichen Lkw an der anzulegenden Seite angehoben, an das Ufer geschoben und festgekeilt. Das ist eine zeitaufwendige und kitzlige

Prozedur, die sehr viel praktische Erfahrung beim „rochieren" von Fahrzeugen bei der Beladung und Entladung des Pontons fordert. Der Beladevorgang dauert etwa eine Stunde. Damit sind im Sommer drei, im Winter zwei Übergänge pro Tag möglich. Pro Übergang können etwa 30 Pkw oder 12 Lkw transportiert werden. Bei Niedrig- und Hochwasser ist der Fährbetrieb eingeschränkt oder gar nicht möglich. Die Strömungsgeschwindigkeit des Grenzflusses ist ungewöhnlich hoch und fordert für den Übersetzvorgang stromaufwärts von Afghanistan nach Tajikistan etwa eine halbe Stunde.

Der Grenzübertritt wird bereits auf dem Schwimmponton von russischen Streitkräften kontrolliert. Diese wollen neben einem Visum bzw. einer entsprechenden Verbalnote für den Grenzübertritt auch genaue Angaben über das überzusetzende Personal und Material haben; zudem wären Waffen beim Grenzübertritt in Kisten zu verpacken. Wir meistern den Grenzübertritt und fahren jetzt durch eine Landschaft mit „sozialistischem" Erscheinungsbild. Auch die Fahrzeuge auf den Strassen in Tajikistan unterscheiden sich gewaltig von der in Afghanistan. Keine tajikischen Kennzeichen in Afghanistan und keine afghanischen Kennzeichen in Tajikistan sichtbar. Keine Pick-ups, auch nicht nachts, keine 4x4 Geländewagen mit dunklen Scheiben und afghanischen Kennzeichen. Nur Lkw (KAMA 3), die mit der Abendfähre übersetzen; ich schließe nicht aus, dass in der Ladung Drogen als Beiladung den Weg über die Grenze finden. Die Entladeplätze müssen bei „Speditionen" oder Großhändlern liegen; in deren Umgebung könnten auch Drogenlabore angesiedelt sein.

Nach Ankunft in Dushanbe Einladung zum Abendessen beim deutschen Botschafter. Es sind anwesend der afghanische Botschafter in Tajikistan, der russische und der französische Botschafter. In einem intensiven Gespräch mit dem afghanischen Botschafter – dieser war Offizier bei Massoud und kennt General Daud als dessen Ordonnanzoffizier – bestätigt er meine Lageeinschätzung hinsichtlich der fragilen Balancen, die alle über eine zentrale Figur laufen – Daud. Dieser wird aus Kabul heraus unterstützt. Er sagt, Daud sei zu jung, um eigenständig Ideen zu entwickeln und umsetzen zu können. Er müsse sich an Kabul (Fahim) orientieren, um seine Position entwickeln zu können. Daud sei kein Politiker, sei ungebildet und würde auch keine große Rolle spielen, so wie auch Atta. Latif sei ein Schmuggler, der mit

Dostum in Verbindung stehe. Eine neue Garnitur von Verantwortungsträgern müsse aufwachsen und die Führung übernehmen.

Ansonsten ergehe ich mich im Austausch von Höflichkeiten mit meinen Tischnachbarn, der Ehefrau des Residenten (Schweizerin) und dem französischen Botschafter; der russische Botschafter verlässt die Runde sehr früh.

13.01.2004

Gespräche mit dem tajikischen Außenministerium. Dieses zeigt sich sehr aufgeschlossen und verspricht Unterstützung bezüglich Maßnahmen gegen Drogen. Es verweist auf die Absicht, einen Mitarbeiter nach Einrichtung eines Konsulats nach Kunduz zu entsenden.

Im Gespräch mit dem stellvertretenden Außenminister und seine Abteilungsleitern Europa und Asien verleiht dieser seiner Freude Ausdruck, dass die Deutschen in den Nordostprovinzen Afghanistans seien. Tajikistan hätte feste Beziehungen zu Afghanistan und würde aktiv an dessen Wiederaufbau teilnehmen. So würden sich Fachleute in Kunduz befinden, um die Stromlieferung bis Mazar-e-Sharif auszubauen und die Straße von Shir Khan instand zu setzen, zudem würden Tadjiken als Lehrer und Ärzte in den Nordostprovinzen arbeiten; auch das afghanische Militär würde unterstützt, ebenso das Bildungswesen, der Agrarsektor und das Gesundheitswesen.

Während der russischen Besatzung in Afghanistan waren 30% der Soldaten Tadjiken. Die Zusammenarbeit mit den Afghanen im Norden des Landes sei nicht so einfach, wenn auch nicht so schwer wie im Süden. Die Nordostprovinzen waren Stützpunkte von Gruppen, die nach Tajikistan übergriffen (Polami-Bewegung); diese sei noch in Teilen vorhanden. Geringer Grundverdienst stimuliert Söldnerdienste und Drogenschmuggel. Deshalb sei beim Wiederaufbau auf Wirtschaft, Infrastruktur und Beschäftigung zu achten.

Zum Kampf gegen Drogen verweist er auf eine Agentur in Tajikistan, die eng mit Deutschland zusammenarbeiten würde. Tajikistan sieht einen Schwerpunkt im Bereich der Drogenbekämpfung; man sei beunruhigt über Drogentransfer via Tajikistan nach Europa. In Kunduz sollen nach eigenen Erkenntnissen ungefähr 20 Drogenlabore existieren.

Zum Thema Evakuierung weist der Außenminister darauf hin, dass wir vorbereitende Gespräche mit den „Machtministerien" zu führen hätten. Er hat Zuarbeit zugesagt für etwas, das seiner Meinung nach nie eintreten würde. Er bittet, die Erfahrung der Russen während ihres Rückzuges nicht zu wiederholen. Auf den Hinweis, dass es schwer sei, die Grenze nach Tajikistan zu überschreiten, entgegnet er, es würde derzeit ein Prozess laufen, in dem die Verantwortung für die Grenze schrittweise von den Russen an die Tadjiken übergeben würde. Tajikistan sei nicht in der Lage, die Grenze nur mit eigenen Kräften zu bewachen. Ein Kilometer Grenzsicherung koste eine Million US-Dollar; Tadjikistan hätte 1334 Kilometer Grenze. Es käme jeden Tag zu bewaffneten Auseinandersetzungen, insbesondere mit Drogenkurieren; deshalb ist Grenzsicherung eine Schwerpunktaufgabe.

Schließlich verweist der stellvertretende Außenminister auf die vielen verwandtschaftlichen Beziehungen zu Afghanistan. Tajikistan vereinfacht Visa-Angelegenheiten für EU und USA; ein tajikisches Konsulat wird in Mazar-e-Sharif eingerichtet; von dort soll ein tajikischer Vertreter nach Kunduz.

Das tajikische Verteidigungsministerium geht davon aus, dass wir gegen Drogen vorgehen werden. Es äußert neben Neugierde ebenso den Willen zur Unterstützung und den Wunsch nach einer Regelung der Zusammenarbeit über die Deutsche Botschaft. Auch hier wird der Gedanke geäußert, einen Vertreter nach Kunduz zu senden; entsprechende Anfragen wurden bereits an den NATO-Rat herangetragen. Das tajikische Innenministerium zeigt sich lust- und ahnungslos und die Gespräche sind auch weitgehend wertlos. Das Komitee für Grenzsicherheit bietet seine Unterstützung an und gibt mir sogar eine Telefonnummer zur Kontaktaufnahme.

Wir erfahren, dass im Rahmen eines bilateralen Abkommens die tajikische Grenze, bis auf den Grenzabschnitt zu China, von den russischen Streitkräften in vorderster Linie, dahinter erst durch tajikische Grenztruppen, gesichert wird. Das zu evakuierende Personal müsste ein Visum für Tajikistan haben oder aber eine entsprechende Verbalnote. Bei Nichtvorliegen der entsprechenden Voraussetzungen ist davon auszugehen, dass einer Einreise aus dem von den russischen Streitkräften kontrollierten Grenzstreifen nach Tajikistan nicht stattgegeben wird. Es ist deshalb unzureichend, die tajikischen Behörden um vereinfachte

Grenzübertrittregelungen für eine mögliche Evakuierung zu bitten. Trotzdem ein wertvoller Besuch; wir wissen nun, wovon wir reden.

Wir fahren zurück an die Grenze – rechtzeitig, wie wir denken –, kommen aber heute nicht mehr über den Grenzfluss. Der Fährmann sei unpässlich, und es wäre nun schon zu dunkel. Wir müssen übernachten, lehnen das Angebot der russischen Grenzsoldaten ab, das bei ihnen zu tun und fahren deshalb zurück nach Dushanbe. Die Gespräche mit den Grenzsoldaten waren gut und aufschlussreich. Sie haben noch einmal deutlich gemacht, dass ohne Zusammenarbeit mit den Russen nichts läuft. Sie wollen angefragt werden, wollen Anzahl Personen und Fahrzeuge wissen, wollen die Waffen in Kisten verpackt haben und so weiter. Eine etwas komplizierte Angelegenheit, nicht gerade unterstützend für eine schnell ablaufende Operation wie eine Evakuierung.

14.01.2004

Erneuter Anlauf, um mit der Fähre über die Grenze zurück nach Afghanistan zu kommen. Die Entscheidung, gestern Abend nach Dushanbe zurückzufahren, etwas zu essen und ordentlich zu schlafen, war gut, auch wenn die Fahrerei auf den Geist geht. Die frühe Abfahrt aus Dushanbe ermöglichte die zeitlich großzügige Ankunft an der Fährstelle und die geregelte Überfahrt nach Afghanistan.

So nebenbei haben wir gestern Abend beobachtet, wie ein großer Lastkahn vom afghanischen Ufer kommend am tajikischen Ufer anlegte, der mit Südfrüchten in Kisten, vermutlich Mandarinen, beladen war. Ein Cocker Spaniel (als Drogenspürhund) wurde von einem Soldaten durch die Reihen geführt, hat aber nicht angeschlagen. Verladeaktivitäten fanden nicht statt, über die Kisten wurde eine Persenning gezogen. Heute am Vormittag gegen 11 Uhr stellen wir fest, dass noch keine Umladung stattgefunden hat, jedoch war die Persenning zurückgeschlagen, so dass viele geöffnete Kisten sichtbar waren, wobei die hochstehenden Holzbretter freien Blick auf die Mandarinen erlaubten. Nun, in Afghanistan gibt es keine Südfrüchte, sie kommen aus Pakistan. Nutzt man diese Transporte für den Schmuggel von Drogen? Die Zitronensäure in den Schalen macht es Hunden schwer, etwas anderes zu riechen.

Abschließend stelle ich fest, dass mit all den Fährproblemen und dem Sachverhalt, dass die Russen die Grenze kontrollieren, ich diesen Evakuierungsweg als nicht geeignet bewerte und ihm von weiteren Betrachtungen ausschließe oder zumindest eine nachgeordnete Priorität einräume. Als Landevakuierungsweg muss der Weg über Mazar-e-Sharif nach Termez die erste Priorität erhalten, bis die Brücke über den Grenzfluss fertiggestellt ist. Die Erkundung und die Absprachen mit Tashkent/Uzbekistan sind hierzu zwingend erforderlich.

16.01.2004

Eintreffen Kommandeur DSO, GenMj Glatz und Kdr LLBrig31 gegen 10Uhr50; kurze Einweisung durch Herrn Stöckl-Stillfried und mich. Danach Besichtigung von Projekten. Um 17 Uhr Imbiss, den ich vom Restaurant „Lapiz Lazuli" habe kommen lassen. Brot, Hühnerschaschlik und Chinanudeln. War recht gut, aber auch teuer. 13,50 Dollar pro Person, wir waren sieben. Na ja, danach Lagebriefing. Um 20 Uhr hat Auswärtiges Amt aus dem Einsatzführungskommando eine kleine VTC veranstaltet. War etwas enttäuschend. Heute Kommandeur DSO auf Rückweg; ein Wunder, dass die Luftwaffe geflogen ist. Bis auf eine Antonow wurden alle anderen Flüge gestrichen. Damit kommen auch COS und G3 nicht zurück aus Kabul, wo sie für eine Planungskonferenz waren. Es regnet in Strömen und man bleibt am besten im Feldlager.

18.01.2004

Wir haben heute den deutschen TACP aufgenommen. Nach Aussage des Führers TACP sei dieser dem ALO ISAF unterstellt. Der Tätigkeitsbereich würde nur die Führung von CAS umfassen. Controlling/Tower-Aufgaben für einfliegende C-160, die bisher von der Einsatzleitgruppe (ELG) wahrgenommen wurden, seien durch ALO ISAF gesondert anzuordnen.

Bisheriger Kenntnis zufolge, seien Controlling-Aufgaben durch die einfliegenden C-160 auch nicht gefordert gewesen, außer Angaben zum Wetter. Die für die Weitergabe der Wetterdaten an die C-160 erforderlichen Funkgeräte (PRC 117) sind im TACP nicht vorhanden. Dem

Verbleib der bei der ELG befindlichen Funkgeräte PRC 117 im Einsatzland wird nicht zugestimmt, weil dadurch die ELG nach Rückkehr aus dem Einsatz nicht mehr einsatzbereit ist.

Arbeite am Sicherheitskonzept des PRT auf der Grundlage der Weisung für den Einsatz des PRT und dem COMJCC OPLAN 31419 for NATO-Support to ISAF. Demzufolge unterstützt die Bundeswehr 1) vertrauensbildende Maßnahmen zur Sicherung des Arbeitsumfeldes des zivilen Anteils durch Kontaktpflege zur Bevölkerung mittels Einsatzes von Patrouillen, 2) sind militärtypische Aufgaben (was diese auch immer sind?) im Rahmen der Gesamtaufgabe des PRT wahrzunehmen und 3) sind Einsatzpläne für Gefährdungslagen zu erarbeiten. Diese Aufgaben finden sich auch im ISAF Befehl. Deshalb sind nun alle notwendigen Schritte zu veranlassen, um den Aufgaben gerecht werden zu können.

19.01.2004

Die Zeit verfliegt. Ich denke über Multinationalisierung des PRT nach.

Gespräch mit Daud und Gullistan bezüglich allgemeiner Dinge u.a. Klärung der Feyzabad Operation, Ankündigung von Besuchern, und Vorstellung des Herr Borgert vom BMI. Danach Sicherheitsbesprechung; Nachholen der Besprechung, die am Sonntag ausgefallen war. Dauds Vorwürfe, wir hätten zu unserer Erkundung nach Tajikistan vorweg was sagen sollen erwiderte ich mit dem Hinweis auf seine und Gullistans Abwesenheit. Wöchentliches Meeting wird auch auf Wunsch Dauds so beibehalten.

Nachricht, dass bei einem Anschlag auf US-Stützpunkt Deh Rawood Provinz Urusgan im Süden AFG drei Soldaten verletzt und drei Angreifer getötet wurden.

Agence France Press schreibt heute sinngemäß: Der einflussreiche afghanische Kriegsherr Abdul Raschid Dostum drängt in die Zentralregierung in Kabul zurück. Er wolle einen ranghohen Posten im Verteidigungsministerium, sagte der Usbeke aus dem Norden des Landes am Sonntag in Masar-e-Sharif. Das Amt an sich sei nicht wichtig „aber ich möchte mit der Regierung zusammenarbeiten". Er werde Präsident Hamid Karsai bitten, ihn zum Minister oder Generalstabchef zu ernennen oder an die Spitze einer „Militärstruktur mit mindestens 20.000 Mann" zu berufen.

Am Samstag hatte sich Karsai für die Ambitionen Dostums offen gezeigt. Wenn der Warlord einen höheren Posten wolle, sei dies eine legitime Forderung, die Kabul prüfen werde, sagte der Präsident. Dostum war nach dem Sturz der Taliban stellvertretender Verteidigungsminister geworden, Mitte 2002 aber zurückgetreten, als er zum Sondergesandten Karsais für Nordafghanistan ernannt wurde. Die von Dostum befehligte Dschumbesch-Miliz kämpft mit der tadschikischen Dschamiat-Miliz seines Erzrivalen Mohammed Atta um die Kontrolle des Nordens. Zur Beruhigung der Lage laufen seit mehreren Monaten Versuche, die verfeindeten Gruppen zu entmilitarisieren. Eine Überlegung ist auch, Dostum und Atta in die Regierung einzubinden.

20.01.2004

Heute mal wieder Zeit zum Schreiben. Briefe habe ich schon lange nicht mehr verfasst. Jetzt sitze ich mutterseelenallein in einer C-160, die soeben die *taxi way* zum Start vom Flugplatz Kunduz fährt und die mich nach Tashkent/Uzbekistan bringen soll: dort Umstieg in eine Air France nach Frankfurt/Main von dort dann weiter nach Brüssel. Das erste Mal, seit Eintreffen am 25. Oktober, dass ich in einem Flugzeug sitze. War schon erstaunt, dass sie heute fliegen, wo doch die Sichtverhältnisse nicht so vorteilhaft sind. Scheint wichtig zu sein, meine PRT Mission nach Brüssel.

Die letzten Tage waren gut ausgefüllt mit Focus auf die Einweisung von Oberst Ferdinand Baur als meinen Nachfolger. Es ist sein erster Einsatz und die Materie ist komplex; um ihm die Eingewöhnung zu erleichtern habe ich eine zweiwöchige Einweisungsphase vorgesehen. Ich will natürlich, dass das Projekt so erfolgreich weiter geht, wie es sich jetzt darstellt. Dazu gehört die gute Zusammenarbeit mit dem AA und dem BMI Vertreter, die Beharrlichkeit in der Umsetzung des operativen Konzepts, die gute Stimmung bei der Truppe, das glaubwürdige Auftreten nach außen. Es dürfen Sachverhalte nicht übertrieben werden; das Momentum darf nicht verloren gehen; Oberst Baur wird das schon machen.

Etwas enttäuschend ist der Umstand, zum Ministerbesuch nicht mehr in der Verantwortung zu stehen. Das gilt auch für Herrn Stöckl. Beide Ministerien interessieren sich nicht, ob nun das bisherige und sicher gut im Sattel sitzende Team den Besuch des Verteidigungsministers macht oder die Neuen mit all ihren Unsicherheiten. Was soll's. Die Medien interessieren sich nur für den Minister und dann ist es auch egal, wer es macht. Trotzdem hat man das Gefühl, etwas um den Lohn der Arbeit gebracht worden zu sein.

Wenn wieder zuhause habe ich einiges zu arbeiten so da sind:

- Erfahrungsbericht verfassen;
- Gedanken zur Zusammenstellung eines Erstkontingents, einer Anfangsoperation
- Gedanken zu Aufgaben und Ausbildung des FschSpezZg; hier insbesondere Konzentration auf die Hauptaufgabe des „enabler": nehmen, halten, sichern und betreiben von Behelfsflugplätzen, auch FOBs und FARPs. Danach Erkunden und Aufklären, weil Kapazität vorhanden: beweglicher als Fernspäher, kleiner Fußabdruck im Vergleich zu Luftlande-Aufklärung, keine *direct action* (DA), kein Versuch, daraus die Spezialkräfte der spezialisierten Kräfte zu machen.
- Die FAC Trupps sind zusammenzufassen und mindestens einer stets *combat ready* zu halten. Ausbildung sollte wieder *controller/tower* Aufgaben beinhalten. Der FschSpezZg muss mit bei den ersten Teilen dabei sein.

Jetzt mal nachdenken, was ich so zu sagen hätte beim Nordatlantikrat und Militärausschuss, wenn ich gefragt werde:

Expercience, lessons learned:

- *Civil-military cooperation with a new quality. A synchronized effort on one side to stimulate reconstruction and reform within a secure environment on the other hand.*
- *Each side is working to its competence and demonstrates to the other side the benefits of civil-military cooperation.*
- *The identification of one nation's effort*

- *To assist AFG authorities in the provision of a secure environment is a complex task. It requires continuous networking, dialogue with relevant decision makers and opinion formers; the aim is to agree upon conflict prevention and solution mechanisms*
- *Information gathering at lower level to get a good grasp of the situation to very early decide if the developing situation still enables proper work or whether the abortion of the mission with subsequent evacuation would need to be considered. It also requires in a limited scale the capability of extraction and MEDE-VAC.*
- *Visible presence in the area means:*
  - *Visible interest in how security bodies do their work.*
  - *Visible professionalism in the appearance.*
  - *Reliability, no promises which cannot be fulfilled.*
  - *Impartial (difficult);*
  - *Complementarities.*
- *CONOPS is tool to handle a bunch of different tasks all covering the field of security assistance:*
  - *To feel the pulse*
  - *For pattern recognition and change detection to be ahead of the situation*
  - *We don't do CIMIC in the Balkans sense, which means no conflict with NGOs and focus on military essentials.*

Am Flughafen in Tashkent Gespräch mit dem Militärattaché Tashkent. Er fragt mich, wie viel Einfluss Dostum hat. Meint, die Usbeken würden aufrüsten. Vermutet, sie hätten Interesse über Afghanistan den kurzen Weg zum Meer zu haben. Glaubt, Dostum hätte da eine Funktion. Wenn man nimmt, dass Dostum selbst vorgeschlagen hat mit einer Armee von 20.000 Mann unter seiner Führung den Süden und Südosten des Landes zu „säubern", dann bekommt das schon ein Geschmäckle. Aber das hätte eine strategische Dimension. Ich weiß nicht, ob die Usbeken und Dostum so weit denken. Interessant jedenfalls.

Weitere Überlegungen zum Auftrag des PRT:

- *Civil-military cooperation at its best; however, there can only be one operation at a time, calls for coordination/harmonisation/synchronization/integration of military and civilian efforts*

- *Efforts/projects are of short-, mid-, and a long-term nature; their composition in addressing needs and requirements is of utmost importance; don't focus on one subject/region/ethnicity, start at several points simultaneously; that is the way to promote the central government as well as to respect regional authorities.*

- *Military role is that of an enabler and a contributor; military carries the colours of the nation, is visible, therefore indispensable. Number of militaries is sufficient to establish a visible presence, however, insufficient to enforce security.*

- *Accept that transition cannot be imposed, needs the acceptance by the people, convince those who have the power (decision and opinion makers) to lead change that there is no alternative as to move to new structures and procedures*

- *PRT is like a vehicle on which you can load and unload assistance*

Credibility by visibility and action

- *Plenty of consultants, experts, factfinders are coming and going; PRT underlines commitment through presence.*

- *Therefore, PRT performs through*
  - *Broad visible presence(colours)*
  - *Regional expertise*
  - *Intense networking and conflict resolution mechanisms*
  - *Targeted and synchronized action for reconstruction and reform efforts*

PRT Pilot Project Characteristics – 6 Pillars

- *Civil-military undertakings underline national commitment and credibility*

- *Broad visible military presence in the Operations Area as they carry the colours*

- *Intense networking with decision makers and opinion formers to have workable conflict resolution mechanisms, look at regional relationships*

- *Regional expertise and situational awareness (to be ahead of the situation)*

- *Targeted and synchronized efforts (short, mid, long-term) in reconstruction and reform with the Afghan authorities in the driving seat*

What can ISAF do for the PRT? What can PRT do for ISAF?

24.01.2004

Ich blicke zurück auf den 20.01.2004 Flug von Kunduz nach Tashkent, von dort Linienflug nach Frankfurt/M; Ankunft verspätet, so dass Weiterflug nach Brüssel nicht mehr möglich ist; deshalb Übernachtung am Flughafen. Am nächsten Morgen (21.01.2004) Flug von Frankfurt/M. nach Brüssel und vormittags Briefing NAC durch Staatssekretär und mich, danach Mittagessen; Übernachtung in Brüssel. Am 22. 01.2004 vormittags Vortrag bei MC/NATO und nachmittags bei SHAPE. Danach Flug nach Berlin zum Gespräch mit dem Verteidigungsminister um 17 Uhr, Übernachtung in Potsdam. Am 23. 01.2004 Flug nach Köln/Bonn und von dort Weiterflug nach Termez. Übernachtung in Termez und am 24. 01. 2004 Rückmarsch nach Kunduz.

Auf dem Rückweg von Brüssel über Berlin, Köln und Termez haben wir geplant, mit einer kleinen Delegation den Grenzübertritt von Termez (Uzbekistan) nach Afghanistan auf dem Landweg vorzunehmen. Die Vorbereitungen hierzu wurden vor Antritt meiner Dienstreise nach Brüssel durch den Vertreter AA und Leiter ziviler Anteil PRT in Zusammenarbeit mit der Deutschen Botschaft Tashkent, sowie mit Unterstützung des LTrspStPunkt Termez getroffen. Nach Ankunft in Termez wurde ich von Herrn Stöckl-Stillfried, dessen Nachfolger Herrn Dr. Ziegler, dem Landeskundlichen Berater, dem Kompaniechef der Fallschirmjäger Schutzkompanie und meinem CPT in Empfang genommen.

Zweck unseres Vorhabens war die Erkundung des Landweges von Kunduz nach Termez über Mazar-e-Sharif zur Fertigstellung der Evakuierungsplanung als Teil der Notfallplanung des PRT-Kunduz. Die Erkundung war notwendig, weil ich bei der Erkundung der Evakuierungsroute Nord nach Tajikistan festgestellt habe, dass die Fähre über den Grenzfluss und die Grenzkontrolle durch russische Streitkräfte zwei Schwachpunkte darstellen, die kaum zu beeinflussen sind und somit diese Route nur nachgeordnete Priorität besitzen würde. Der Grenzübergang von Afghanistan nach Termez ist durch eine Brücke

('Brücke der Freundschaft') über den Grenzfluss zu jeder Tageszeit und bei jeder Witterung möglich. Es bleibt einzig die Grenzkontrolle durch die uzbekischen Streitkräfte.

26.01.2004

Die Zeit verrinnt wie Sand zwischen den Fingern. Gestern Weiterführen der Übergabemaßnahmen an Oberst Baur. Es ist ein seltsames Gefühl, als wenn man etwas von sich hergeben würde. Ist auch so, bin ich doch für die Seele der Männer verantwortlich. Gestern auch Bazaar, den Ring, den ich habe machen lassen, abholen. Ist nett geworden, richtig afghanisch. Das Gold ist dunkler und er sieht handgemacht aus.

Für heute habe ich mich entschlossen, nicht nach Badakhshan zu fahren, sondern dies dem neuen Team zu überlassen. Ich kann dann alles Mögliche in Ruhe machen. So den FschSpezZg verabschieden; die Jungs gehen wie geplant raus. Jetzt sitze ich in der Sonne, die den Frühling kräftig ankündigt. Das wird hier sicher sehr schön werden, blühend, grün. Im Lager wird kräftig aufgeräumt. An jeder Ecke wird etwas gerichtet, Mauern komplettiert, Farbe angebracht, Rasen verlegt, Holzhäuser gebaut.

27.01.2004

Fahrt nach Taloqhan für Übergabegespräch und Unterzeichnung Grundstück für die Einrichtung des ersten PRT Außenpostens. Das Abschiedsessen mit meinen Personenschützern im Restaurant Lapis Lazuli fällt hochrangigen Besuchern um Opfer; Schade!

28.01.2004

Herr Stöckl-Stillfried meldet sich ab; das war eine begeisternde Zusammenarbeit. Der Besuch des CINCNORTH, der eigentlich erst zwei Tage später erfolgen sollte; geht aber gut über die Bühne. Seine Knackpunkte waren der *in extremis support* den ISAF für uns leisten sollte und dieses auch noch mit Außenposten, sowie das *reporting* an ISAF, um alles zu wissen was wir denken und was wir tun. Am Nachmittag Aufstellen der Schilder am neuen Grundstück beim Buzkashi-Feld für den

Neubau des Feldlagers Kunduz, danach Schießen mit den Truppen von General Daud; war gut.

29.01.2004

Großer Hof in Pol-e-Khomri zu meiner Verabschiedung durch die Vertreter der Provinz Baghlan; LKB Tappe hat alles aufgetrieben was Rang und Namen hat; war sehr eindrucksvoll für den Befehlshaber und meinen Nachfolger Oberst Baur.

30.01.2004

Heute vormittags Kommandoübergabe. Um 0800 Uhr Antreten – meine letzte Amtshandlung - drei Förmliche Anerkennungen für das „Rat Pack" (PM, LKB, S5), die Verleihung der Einsatzmedaillen und das Ehrenkreuz in Silber für den Kompaniechef der Fallschirmjäger. Danach Kommandoübergabe durch den Befehlshaber Einsatzführungskommando. Nach der Kommandoübergabe als letzte – diesmal inoffizielle – Amtshandlung Eröffnung der Brücke in CinZai. Auf der Rückfahrt Panzerwolf in den Graben gesetzt, danach ein Prado im Graben. Beide Fahrzeuge einwandfrei geborgen.

31.01.2004

Besuch BM wahrgenommen durch die neue Crew. Wir – mein treuer Vorzimmerlöwe Oberstabsfeldwebel Venzl und ich – packen und sitzen nun abseits vom Besuchertrubel Gewehr bei Fuß denn wir würden heute noch in der Maschine des Verteidigungsministers zurückfliegen. Um 14:00 dann Fahrt zum Flughafen, 16:00 Abflug Kunduz, 18:00 Abflug Termez, 22:00 Ankunft Berlin, Abholung und Kfz-Marsch nach Regensburg, Ankunft 02:30. Das war es; eine stille Heimkehr. Es war ein super Einsatz. Ich habe mich sehr wohl gefühlt; da war kein Stress; da waren fast ausschließlich gut ausgebildete und begeisterungsfähige Soldaten. Ich bin dankbar, dass in meiner Zeit nichts passiert ist, dass wir so weit kommen konnten, dass wir Deutschland so gut vertreten konnten. Dankbar, dass ich mit dem Vertreter des Auswärtigen Amts so einen guten Mitspieler hatte, dass das Einsatzführungskommando mir Vertrauen entgegenbrachte und mir Freiheiten ließ. Es war gut und ich werde etwas vermissen. Ich hatte die Möglichkeit Hermann Hesses Aussage, dass jedem Anfang ein Zauber inne wohne auf ihren Gehalt hin zu überprüfen und deren Richtigkeit festzustellen.

Epilog

Ich war ein zweites Mal in Afghanistan, sehr kurz, im Rahmen einer sogenannten Kommandeur-Reise vom 5. Februar bis 9. Februar 2008. Deutschland hat zwischenzeitlich die Rolle des *Regional Command North* (RCN) übernommen und führt dieses aus Mazar-e-Sharif heraus. Dort hat Deutschland ein riesiges Feldlager gebaut, in einer Dimension die wir sonst nur den US-Streitkräften zurechnen.

Die Absicht des Regionalkommandos Nord ist es, mit nationalen Elementen die multinationale Operationsführung zu unterstützen, um mittelfristig ein beständig sicheres Umfeld für deutsche, ressortübergreifende Entwicklungsarbeit bzw. den Wiederaufbauprozess in Nordafghanistan zu schaffen und den deutschen PRT-Ansatz in Kunduz und Feyzabad nachhaltig zur Wirkung zu bringen. Das geschieht durch Patrouillen, CIMIC-Maßnahmen, Aufklärungsflüge, insbesondere aber durch Ausbildungsunterstützung für die ANA durch OMLT (*Operational Mentoring and Liaison Teams* und MTT (*Mobile Training Teams*). So befähigt führen die afghanischen Kräfte ANA und ANP eigenständig Operationen durch, unterstützt und angeleitet durch ISAF. Insgesamt hat das RCN 3200 Soldaten, davon in Kabul 400, in Kunduz 400, in Feyzabad 360, in Termez 220 und in MES 1800. In den Briefings gewinne ich den Eindruck, dass das RCN personell und infrastrukturell ein Riese ist, operationell aber eine Maus.

Im Gespräch mit Spezialkräften und Vertretern der deutschen Nachrichtendienste stelle ich fest wie tief wir engagiert sind, aber auch wie wenig Nutzen wir daraus ziehen. Verstehen wir das Land? Sind wir uns über die Konsequenzen unseres Handelns bewusst? Was wollen wir erreichen? Der Eindruck, wir wären ziel- und deshalb planlos ist nicht von der Hand zu weisen. Habe ich meine Sache damals in Kunduz richtig angefasst? Ich glaube schon.

Am 8. Februar frühmorgens fliegen wir mit einer C160 nach Kunduz; mir geht das Eintreffen der ersten Kräfte im Oktober 2003 durch den Kopf. Das PRT Kunduz arbeitet in der Architektur einer afghanischen Lehmburg, nach deutschem Standard erbaut. Der Neubau des Feldlagers angelehnt an den Flugplatz Kunduz findet sich nun an einem Ort auf dem Hochplateau, wo es nie hin sollte; wo man es von allen Seiten unbeobachtet mit Raketen beschießen kann. Ich wage zu behaupten, dass dieser Umzug mit zu einem Bruch im Selbstverständnis und in der Auftragswahrnehmung des PRT geführt hat. Jetzt ist aus Sicht der Bevölkerung das PRT draußen und droben, kein unmittelbarer Anlaufpunkt mehr für das Abladen von Sorgen. Jetzt muss das PRT ohne Frühwarnung aus der Bevölkerung auskommen; das bindet mehr Kräfte zum Eigenschutz im Camp wie auch in der Bewegung außerhalb. Konsequenz: die Truppe verlässt das Camp kaum oder nicht, das geht zu Lasten von *networking* und *visivility*. Der Auftrag des PRT ist grundsätzlich der Gleiche wie zu Beginn, in erster Linie ressortübergreifende Zusammenarbeit – diese immer noch knirschend - aber in der militärischen Reichweite begrenzt auf die Provinzen Kunduz und Takhar. Zwischenzeitlich gibt es von anderen Nationen betriebene weitere vollwertige PRTs auch in den Provinzen Badakhshan (Feyzabad) und Baghlan (Pol-e-Khomri), sowie über allen Nordprovinzen das RCN verstreut.

Das PRT Wappen und die über das Eck verbundenen deutschen und afghanischen Nationalfarben von mir entworfen sind noch erhalten. Auch hängt mein Portrait an der Wand zum Zimmer des Kommandeurs. In den Briefings drängt sich mir der Eindruck auf, dass wir uns aber seit Anbeginn nicht wirklich in der Umsetzung des Auftrages kontinuierlich weiterentwickelt haben; als wenn das Rad immer wieder neu erfunden würde. Zudem werden wohl alle RCN und PRT Kommandeure angewiesen sicherzustellen, dass ja nichts passiert; da muss man sich nicht wundern, dass nichts geschieht. Unsere Bundeswehr-Einsätze sind politisch dominiert. Im Vordergrund steht es nicht, den Auftrag zu erfüllen, sondern unbeschadet aus dem Einsatz heraus und nachhause zukommen, was sowohl Leib und Leben als auch andere Dinge betrifft. Wir riskieren deshalb nichts. Entscheidungen werden ausgesessen und dem Zufall überlassen. Wir gestalten nicht sondern lassen uns treiben, werden von Anlass zu Anlass getrieben.

Ich denke, ich hatte Glück und ergriff die Gelegenheit, mich in einem neuen und komplexen Umfeld hinreichend erfolgreich zu bewegen und dabei etwas zu bewegen. Trotzdem bleibt die Frage: habe ich etwas bewegt oder habe ich gehandelt ohne zu handeln? Aus Wen Tzu (Die Geheimnisse verstehen, Seite 126, also sprach Laotse) kann ich entnehmen: Nichthandeln bedeutet nicht, dass dich nichts zum Kommen veranlassen mag, und dass du nicht zurückgestoßen werden kannst. Es bedeutet nicht, dass du nicht antwortest, wenn du gedrängt wirst, und dass du nicht handelst, wenn du innerlich bewegt bist. Es heißt nicht, dass Du festhältst, ohne loszulassen. Es bedeutet vielmehr, dass persönliche Ambitionen nicht den öffentlichen Interessen im Weg stehen und dass gewohnheitsmäßige Wünsche nicht die korrekten Kenntnisse blockieren.

Es bedeutet, dass Unternehmungen in Einklang mit der Vernunft in Angriff genommen werden und Tätigkeiten den zur Verfügung stehenden Mitteln entsprechend verrichtet werden, so dass die Schwungkraft der Natur selbst ausgenutzt und Enttäuschung vermieden wird. Sind Unternehmungen vollbracht, ist damit kein persönlicher Erfolg verbunden, und wurde ein Erfolg errungen, nimmt niemand die Ehre in Anspruch…"

Einige Teile dieser Welt verändern sich und es ist nicht mehr so wie früher. So ist das auch mit dem PRT in Kunduz; das ist wohl auch richtig so. Ich habe einmal dort angefangen; es war eine saugeile Zeit, die ich als Wärme in Erinnerung halte. Ich lasse es bei der Erinnerung, ich bin Geschichte und muss die Entwicklungen so hinnehmen wie sie sind. Beeindrucken kann ich sowie so Niemanden; also abschließen.

Abkürzungsverzeichnis:

AA	Auswärtiges Amt
AFG	Afghanistan
AGEF	Arbeitsgruppe Entwicklung und Fachkräfte
AOO	Area of Operations
AMF	Afghan Militia Forces: the numerous regional, often mono-ethnic militia forces that are officially recognized by the Afghan government and which receive funding and support from the Afghan Ministry of Defense
ANA	Afghan National Army: the new national army being formed as a centrally controlled, multi-ethnic armed forces.
ANP	Afghan National Police
ANBP	Afghan New Beginnings Program
AVN	Aviation
BAT	Beweglicher Arzttrupp
BMI	Bundesministerium des Inneren
BMVg	Bundesministerium der Verteidigung
BMZ	Bundesministerium für Entwicklung und wirtschaftliche Zusammenarbeit
BPT	be prepared to
Bw	Bundeswehr
CA	Civil Affairs: the US branch organized, trained, and equipped specifically to conduct CA activities and CMO; also, the term for the US CMO doctrine (NATO CIMIC)
CFC-A	Combined Force Command Afghanistan
CMA	Cooperative Medical Assistance

CMO	Civil-Military Operations: the activities of a military commander that establish, maintain, or influence relations between military forces, government, and civilian authorities and non-governmental organizations, and the civilian populace in a friendly, neutral, or hostile area of operations to facilitate military operations and consolidate and achieve national objectives. CMO may include performance by military forces of activities and functions normally the responsibility of local, regional, or national government.
CPT	Close Protection Team (Personenschutz)
CND	Counter Narcotics Department AFG
COS	Chief of Staff
CASEVAC	Casualty Evacuation
CJTF 180	Combined Joint Task Force 180
CAS	Close Air Support
CAT	Crisis Action Team
CIMIC	Civil-Military Cooperation: The civil-military operations doctrine of most NATO nations, other than the US CA
CINCNORTH	Commander-in-Chief Allied Forces North Europe
CJCMOTF	Coalition/Joint Civil-Military Operations Task Force: A CJTF-180 subordinate command, based in Kabul, with principal responsibility for coordinating coalition civil-military operations, including assistance and reconstruction activities.
CJOA	Combined Joint Operations Area
CJTF-180	Combined/Joint Task Force-180: The Coalition's headquarters command, based at Bagram Air Field,

CONOPS	Concept of Operations
CR	combat ready
CLJ	Constitutional Loja Jirga
DA	Direct Action
DDR	Disarmament, Demobilization and Reintegration Program: One of five SSR sectors, this one devoted to disarming and demobilizing the AMF and reintegrating its members into the new ANA of the civilian economy.
DIRLAUTH	direct liaison is authorized
EOD	Explosive Ordnance Disposal
ELG	Einsatzleitgruppe
FeSpäh	Fernspäh
FschJg	Fallschirmjäger
FschSpezZg	Fallschirmspezialzug
FAC	Forward Air Controller
FCO	UK Foreign & Commonwealth Office
FARP	Forward Air Refuelling Point
FOC	Full Operational Capability
FOB	Forward operating base
GAC	Ground Assault Convoy
GENIC	German National Intelligence Cell
GO	Governmental Organization
GRH	Großraumhubschrauber (z.B. CH 53)
HIG	Hizb-e-Islami Gulbuddin, Miliz des Gulbuddin Hekmatyar
HNS	Host Nation Support
HWC	Heavy Weapons Cantonment
IEDD	Improvised Explosive Device Disposal
IO	Information Operations
IOC	Initial Operational Capability
IOT	International Observer Team

ITGA	Islamic Transitional Government of Afghanistan
IOT	in order to
ISO	in support of
IVO	in the vicinity of
JOC	Joint Operations Centre
KfW	Kreditanstalt für Wiederaufbau
KIA	Kabul International Airfield
KSK	Kommando Spezialkräfte
LLBrig	Luftlandebrigade
LBAT	luftbeweglicher Arzttrupp
LKB	Landeskundlicher Berater
LMT	Liaison Monitoring Team
LSO	Leitender Sanitätsoffizier
MDU	Mobile Disarmament Unit
MEDEVAC	Medical Evacuation
MOD	Ministry of Defense
MOI	Ministry of Interior
MSR	Main Supply Road
MTH	Mittlerer Transporthubschrauber (CH 53)
MTT	Mobile Training Teams
NGO	Non-Governmental Organisation
NDS	National Directorate of Security (AFG Nach richtendienst
NRO	Nicht-Regierungsorganisation
OEF	Operation Enduring Freedom
OMLT	Operational Mentoring and Liaison Team
OPZ	Operationszentrale
PM	Provost Marshal
QIP	Quick Impact Project
QRF	Quick Reaction Force

RFI	Request for Information
ROE	Rules of Engagement
RZ	Rettungszentrum
SITREP	Situation Report
SSR	Security Sector Reform: A cluster of five reform sectors in the security sphere, including (1) formation of the ANA (led by the AFG MOD and the US); police reform (led by the AFG MOI and the German police project); judicial reform (led by the Judicial Reform Commission and the Government of Italy); DDR (led by the ANBP and the Government of Japan); and counter narcotics (led by the Afghan National Security Council and the UNODC)
SKB	Streitkräftebasis (Bw)
SKUkdo	Streitkräfte-Unterstützungskommando (Bw)
TACP	Tactical Air Control Party
ToA	Transfer of Authority
TDJ	Tajikistan
UN	United Nations
UNAMA	United Nations Assistance Mission Afghanistan
UNODC	United Nations Office of Drugs and Crime
USAID	US Agency for International Development
UZB	Uzbekistan
UXO	Unexploded ordnance
VN	Vereinte Nationen
VPR	Verteidigungspolitische Richtlinien
VTC	Video Tele Conference

Carola Hartmann Miles-Verlag

Einsatzerfahrungen

Stefan Brux, *Anaram - Endloses Licht,* Berlin 2022.

Alois Bach, Carola Hartmann (Hrsg.), *Unbekannte Helden des Alltags. Soldaten und Ehefrauen berichten über Verantwortung, Humanität und Belastung im Auslandseinsatz,* Berlin 2020.

Marcel Bohnert, Andy Neumann, *German Mechanized Infantry on Combat Operations in Afghanistan,* Berlin 2016.

Rainer Buske, *KUNDUZ. Ein Erlebnisbericht über einen militärischen Einsatz der Bundeswehr in Afghanistan im Jahre 2008,* Berlin 2015.

Uwe Hartmann, *War without Fighting? The Reintegration of former Combatants in Afghanistan seen through the Lens of strategic Thought,* Berlin 2014.

Ingo Werners, *Fahren, Funken, Feuern. Hinweise auf die Einsatzvorbereitung,* Berlin 2010.

Artur Schwitalla, *Afghanistan, jetzt weiß ich erst...,* Berlin 2010.

Sascha Brinkmann, Joachim Hoppe (Hrsg.), *Generation Einsatz. Fallschirmjäger berichten ihre Erfahrungen aus Afghanistan,* Berlin 2010.

Sicherheitspolitik

Wolf Graf v. Baudissin, *Grundwert: Frieden in Politik – Strategie – Führung von Streitkräften, herausgegeben von Claus von Rosen,* Berlin 2014.

Oliver Schmidt, *Deutsche Außenpolitik und die Zukunft der nuklearen Teilhabe in der NATO,* Berlin 2017.

Dirk Freudenberg, *Theorie des Irregulären – Erscheinungen und Abgrenzungen von Partisanen, Guerillas und Terroristen im Modernen Kleinkrieg sowie Entwicklungstendenzen der Reaktion, (3 Bände),* Berlin 2017.

Markus Reisner, *Robotic Wars – Legitimatorische Grundlagen und Grenzen des Einsatzes von Military Unmanned Systems in modernen Konfliktszenarien,* Berlin 2018.

Helmut Fiedler, *Military Assistance – eine moderne Einsatzart zwischen Anspruch und Wirklichkeit,* Berlin 2019.

Pascal Riemer, *Von der russischen Kriegskunst. Eine Untersuchung der dialektischen Zusammenhänge von Staatsidee und Militärwesen am Beispiel der Sowjetunion und der Russischen Föderation,* Berlin 2021.

Georg Kunovjanek, *Cyber – Die Domäne der vernetzten Unsicherheit. Eine kritische interdisziplinäre Analyse des Krieges der Zukunft und seiner normativen Grundlagen,* Berlin 2021.

Joachim Weber (Hrsg.), *Konfliktraum Arktis. Die Großmächte und der Hohe Norden,* Berlin 2021.

Thomas Jäger, Ralph Thiele (Hrsg.), *Der Politische Islamismus als hybrider Akteur globaler Reichweite. Die liberale demokratische Ordnung muss ihre Resilienz stärken,* Berlin 2021.

Uwe Hartmann, *Die Nato. Mächte und Menschen in der transatlantischen Allianz,* Berlin 2021.

Dirk Freudenberg, *Wehrhaftigkeit der Medienordnung – Rechtliche und rechts-politische Probleme vor dem Hintergrund der Konzeption Zivile Verteidigung (KZV),* Berlin 2022.

Carsten Rechtien, *Trumps Amerika. Eine geopolitische Revolution,* Berlin 2022.

Militär und Gesellschaft

Hans-Christian Beck, Christian Singer (Hrsg.), *Entscheiden – Führen – Verantworten. Soldatsein im 21. Jahrhundert,* Berlin 2011.

Marcel Bohnert, Lukas J. Reitstetter (Hrsg.), *Armee im Aufbruch. Zur Gedankenwelt junger Offiziere in den Kampftruppen der Bundeswehr,* Berlin 2014.

Phil C. Langer, Gerhard Kümmel (Hrsg.), *„Wir sind Bundeswehr." Wie viel Vielfalt benötigen/vertragen die Streitkräfte?,* Berlin 2015.

Eberhard Birk, Peter Andreas Popp (Hrsg.), *Luftwaffenoffizier 21. Das Selbstverständnis des Luftwaffenoffiziers zu Beginn des 21. Jahrhunderts, (aus der Reihe Schriften zur Geschichte der Deutschen Luftwaffe, Band 5),* Berlin 2016.

Alois Bach, Walter Sauer (Hrsg.), *Schützen.Retten.Kämpfen. Dienen für Deutschland,* Berlin 2016.

Marcel Bohnert, Björn Schreiber (Hrsg.), *Die unsichtbaren Veteranen. Kriegsheimkehrer in der deutschen Gesellschaft,* Berlin 2016.

Angelika Dörfler-Dierken (Hrsg.), *Hinschauen! Geschlecht, Rechtspopulismus, Rituale: Systemische Probleme oder individuelles Fehlverhalten?*, Berlin 2019.

Standpunkte und Orientierungen

Uwe Hartmann, *Hybrider Krieg als neue Bedrohung von Freiheit und Frieden. Zur Relevanz der Inneren Führung in Politik, Gesellschaft und Streitkräften*, Berlin 2015.

Martin Sebaldt, *Nicht abwehrbereit. Die Kardinalprobleme der deutschen Streitkräfte, der Offenbarungseid des Weißbuchs und die Wege aus der Gefahr*, Berlin 2017.

Christian J. Grothaus, *Der „hybride Krieg" vor dem Hintergrund der kollektiven Gedächtnisse Estlands, Lettlands und Litauens*, Berlin 2017.

Uwe Hartmann, *Der gute Soldat. Politische Kultur und soldatisches Selbstverständnis heute*, Berlin 2018.

Helmut Jermer, *Innere Führung kompakt. Eine Zusammenschau als Lehr- und Lernhilfe*, Berlin 2019.

Martin Sebaldt, *Das Elend der Strategen. Warum die deutsche Militärpolitik versagt*, Berlin 2020.

Hannes Wendroth, *Gute Führung - (k)ein Selbstgänger. Kleine Führungshilfe mit praktischen Hinweisen und persönlichen Anmerkungen*, Berlin 2022.

Offiziersbibliothek

Uwe Hartmann, *Offiziersbibliothek I. Deutschland*, Berlin 2020.

Franz H.U. Borkenhagen, Uwe Hartmann, *Offiziersbibliothek II. Internationale Beziehungen und Sicherheitspolitik*, Berlin 2021.

Militärgeschichte

Eberhard Kliem, Kathrin Orth, *"Wir wurden wie blödsinnig vom Feind beschossen". Menschen und Schiffe in der Skagerrakschlacht 1916*, Berlin 2016.

Hans Frank, Norbert Rath, *Kommodore Rudolf Petersen. Führer der Schnellboote 1942–1945. Ein Leben in Licht und Schatten unteilbarer Verantwortung*, Berlin 2016.

Georg Neuhaus, *Am Anfang war ein Speer. Eine Chronographie der Kriegs- und Militärtechnologien,* Berlin 2018.

Hans-Werner Ahrens, *Die Transportflieger der Luftwaffe 1956 bis 1971. Konzeption – Aufbau – Einsatz, (Reihe Schriften zur Geschichte der Deutschen Luftwaffe, Band 8),* Berlin 2019.

Jobst Reller, *Die Anfänge der evangelischen Militärseelsorge,* Berlin [2]2020.

Eberhard Frhr. v. Senden, Friedrich Frhr. v. Senden, *Der Erste Weltkrieg 1914–1918. Erlebnisse eines jungen Leutnants,* Berlin 2020.

Hans-Günter Behrendt, *Flugabwehr in Deutschland. Stationierungsorte und Systeme 1956-2012,* Berlin 2021.

Gerd Bolik, *NATO-Planungen für die Verteidigung der Bundesrepublik Deutschland im Kalten Krieg,* Berlin 2021.

Martin Kutz, *Die Schlacht als Männerballett oder Mythos und Militär,* Berlin 2022.

Olaf Rönnau, *Eine totale Institution als Zwischenspiel. Die Kadettenschule der NVA von ihrer Gründung 1956 bis zu ihrer Auflösung 1961,* Berlin 2022.

Schriften zur Tradition

Eberhard Birk, Winfried Heinemann, Sven Lange (Hrsg.), *Tradition für die Bundeswehr. Neue Aspekte einer alten Debatte,* Berlin 2012.

Donald Abenheim, Uwe Hartmann (Hrsg.), *Tradition in der Bundeswehr. Zum Erbe des deutschen Soldaten und zur Umsetzung des neuen Traditionserlasses,* Berlin 2018.

Joachim Welz, *Vom Kontingentsheer zum Reichsheer: Militärkonventionen als Motor der Wehrverfassung,* Berlin 2018.

Donald Abenheim, Uwe Hartmann, *Einführung in die Tradition der Bundeswehr. Das soldatische Erbe in dem besten Deutschland, das es je gab,* Berlin 2019.

Eberhard Birk, Heiner Möllers (Hrsg.), *Die Luftwaffe und ihre Traditionen (aus der Reihe Schriften zur Geschichte der Deutschen Luftwaffe, Band 10),* Berlin 2019.

Hans-Günter Behrendt (Hrsg.): *Erinnerungsorte der Bundeswehr – Personen, Ereignisse und Institutionen der soldatischen Traditionspflege,* Berlin 2020.

Dirk Drews, Stefan Gruhl (Hrsg.): *Oberst Reinhard Hauschild 1921–2005. Traditionsstifter für die Bundeswehr? Gedenkschrift zum 100. Geburtstag,* Berlin 2021.

Dieter Krüger, *Verständigung mit Frankreich. Das vergebliche Plädoyer des Oberst Dr. Hans Speidel. Paris 1940–1942,* Berlin 2021.

Martin Kutz, *Besuch im Soldatenhimmel. Ein wissenschaftlicher Reisebericht aus einer anderen Welt,* Berlin 2022.

Erinnerungen

Blue Braun, *Erinnerungen an die Marine 1956–1996,* Berlin 2012.

Klaus Grot, *So war's, damals. Dienstchronik eines Pionieroffiziers im Kalten Krieg 1954–1991,* Berlin 2014.

Adolf Brüggemann, *Als Offizier der Bundeswehr im Auswärtigen Dienst. Meine Erinnerungen als Militärattaché in Seoul (Republik Korea) 1978–1983 und in Prag (Tschechoslowakei/Tschechien) 1988–1993,* Berlin 2015.

Heinz Laube, *Duell am Himmel,* Berlin 2016.

Viktor Toyka, *Dienst in Zeiten des Wandels. Erinnerungen aus 40 Jahren Dienst als Marineoffizier 1966-2006,* Berlin 2017.

Kurt Graf v. Schweinitz, *Notizen im Transit von Krieg und Frieden,* Berlin 2020.

Karl-Otto Behrendt, *Der kurze Bericht über eine lange Zeit. Kriegsgefangenschaft 1945–1953,* herausgegeben und kommentiert von Hans-Günter Behrendt, Berlin 2021.

Hans Peter von Kirchbach, *Herz an der Angel,* Berlin 2021.

Miles-Verlag.jimdo.com